“十二五”职业教育国家
经全国职业教育教材审

# 药店零售与
# 服务技术

主编 俞春飞

高等教育出版社·北京

## 内容简介

本书是"十二五"职业教育国家规划教材，依据教育部职业院校药剂专业教学标准，并参照药剂专业相关行业标准，结合全国职业院校药剂专业的实际需要，以及药店的常规操作和管理需要编写而成。

本书主要内容包括八个模块：认识药店、职业规范、药品验收与保管、药品陈列与养护、药品销售、药店服务、收银与结算和职业规划。力求体现实践技能和教学实用性。

本书配有二维码和学习卡资源，请扫描书中二维码或登录Abook 网站 http：//abook. hep. com. cn/sve 获取相关资源。详细说明见本书"郑重声明"页。

本书可作为全国职业院校医药卫生类药剂专业教材，亦可作为药店员工的培训教材。

**图书在版编目（CIP）数据**

药店零售与服务技术/俞春飞主编. --北京：高等教育出版社，2022.5

ISBN 978-7-04-057980-2

Ⅰ. ①药… Ⅱ. ①俞… Ⅲ. ①药品-零售-中等专业学校-教材 Ⅳ. ①F763

中国版本图书馆 CIP 数据核字（2022）第 013576 号

Yaodian Lingshou yu Fuwu Jishu

| | | | | | | | |
|---|---|---|---|---|---|---|---|
| 策划编辑 | 崔　博 | 责任编辑 | 崔　博 | 封面设计 | 张　楠 | 版式设计 | 张　杰 |
| 插图绘制 | 黄云燕 | 责任校对 | 马鑫蕊 | 责任印制 | 朱　琦 | | |

| | | | | |
|---|---|---|---|---|
| 出版发行 | 高等教育出版社 | 网　址 | http：//www. hep. edu. cn | |
| 社　址 | 北京市西城区德外大街 4 号 | | http：//www. hep. com. cn | |
| 邮政编码 | 100120 | 网上订购 | http：//www. hepmall. com. cn | |
| 印　刷 | 三河市骏杰印刷有限公司 | | http：//www. hepmall. com | |
| 开　本 | 889mm×1194mm　1/16 | | http：//www. hepmall. cn | |
| 印　张 | 12.25 | | | |
| 字　数 | 250 千字 | 版　次 | 2022 年 5 月第 1 版 | |
| 购书热线 | 010-58581118 | 印　次 | 2022 年 5 月第 1 次印刷 | |
| 咨询电话 | 400-810-0598 | 定　价 | 29.80 元 | |

# 出 版 说 明

　　教材是教学过程的重要载体，加强教材建设是深化职业教育教学改革的有效途径，是推进人才培养模式改革的重要条件，也是推动中高职协调发展的基础性工程，对促进现代职业教育体系建设，提高职业教育人才培养质量具有十分重要的作用。

　　为进一步加强职业教育教材建设，2012 年，教育部制订了《关于"十二五"职业教育教材建设的若干意见》（教职成〔2012〕9 号），并启动了"十二五"职业教育国家规划教材的选题立项工作。作为全国最大的职业教育教材出版基地，高等教育出版社整合优质出版资源，积极参与此项工作，"计算机应用"等 110 个专业的中等职业教育专业技能课教材选题通过立项，覆盖了《中等职业学校专业目录》中的全部大类专业，是涉及专业面最广、承担出版任务最多的出版单位，充分发挥了教材建设主力军和国家队的作用。2015 年 5 月，经全国职业教育教材审定委员会审定，教育部公布了首批中职"十二五"职业教育国家规划教材，高等教育出版社有 300 余种中职教材通过审定，涉及中职 10 个专业大类的 46 个专业，占首批公布的中职"十二五"国家规划教材的 30% 以上。我社今后还将按照教育部的统一部署，继续完成后续专业国家规划教材的编写、审定和出版工作。

　　高等教育出版社中职"十二五"国家规划教材的编者，有参与制订中等职业学校专业教学标准的专家，有学科领域的领军人物，有行业企业的专业技术人员，以及教学一线的教学名师、教学骨干，他们为保证教材编写质量奠定了基础。教材编写力图突出以下五个特点：

　　1. 执行新标准。以《中等职业学校专业教学标准（试行）》为依据，服务经济社会发展和产业转型升级。教材内容体现产教融合，对接职业标准和企业用人要求，反映新知识、新技术、新工艺、新方法。

　　2. 构建新体系。教材整体规划、统筹安排，注重系统培养，兼顾多样成才。遵循技术技能人才培养规律，构建服务于中高职衔接、职业教育与普通教育相互沟通的现代职业教育教材体系。

　　3. 找准新起点。教材编写图文并茂，通顺易懂，遵循中职学生学习特点，贴近工作过程、技术流程，将技能训练、技术学习与理论知识有机结合，便于学生系统学习和掌握，符合职业教育的培养目标与学生认知规律。

4. 推进新模式。改革教材编写体例，创新内容呈现形式，适应项目教学、案例教学、情景教学、工作过程导向教学等多元化教学方式，突出"做中学、做中教"的职业教育特色。

5. 配套新资源。秉承高等教育出版社数字化教学资源建设的传统与优势，教材内容与数字化教学资源紧密结合，纸质教材配套多媒体、网络教学资源，形成数字化、立体化的教学资源体系，为促进职业教育教学信息化提供有力支持。

为更好地服务教学，高等教育出版社还将以国家规划教材为基础，广泛开展教师培训和教学研讨活动，为提高职业教育教学质量贡献更多力量。

高等教育出版社

2015 年 5 月

# 药店零售与服务技术

# 编写委员会

主　编　俞春飞

副主编　王　浩　张晓军　刘　艳

编　者（以姓氏拼音为序）

蒋小莉　杭州第一技师学校

刘　艳　宁波经贸学校

曲祝红　杭州第一技师学校

王　浩　宁波经贸学校

吴梦琦　绍兴市中等专业学校

闫四清　杭州第一技师学校

俞春飞　宁波经贸学校

张晓军　杭州第一技师学校

赵宝丽　杭州第一技师学校

# 前　言

　　本书是"十二五"职业教育国家规划教材，依据教育部职业院校药剂专业教学标准，并参照药剂专业相关行业标准，结合药学的专业特点和中高职教育教学实际有机衔接编写而成，突出培养学生的职业技能和就业能力，充分体现教材内容的科学性和实用性。

　　本书体现"能力为本位，以发展技能为核心"的职业教育培养理念。采用模块、任务式编写方法，全书共分8个模块，实践操作强化培养，突出实用性，实现与岗位的"零距离"，理论强调必需与够用，职业规划突出中职生可持续发展和对梦想的追求。教材的主体内容上设置"议一议""练一练"栏目，充分体现以学生为主体，引导学生主动积极参与教学活动，师生互动，教师帮助学生在做中学习，通过动手和思考学习理论知识。"知识链接""知识拓展"栏目，有对知识的理解、延伸和相关法律的渗透。"案例"教学调动学生学习的积极性，增强学生分析、解决问题的能力。课后练习形式多样。教材简明易懂、图文并茂、生动活泼，适合学生阅读习惯，有利于提高学生学习兴趣。为方便教学，本书还配有助教、助学网络资源，有利于师生的教与学。学时分配表见附录。

　　本书由宁波经贸学校俞春飞担任主编，宁波经贸学校的王浩、刘艳和杭州第一技师学校张晓军担任副主编。本教材的编写人员有：宁波经贸学校刘艳（模块一中任务一和模块三）、宁波经贸学校王浩（模块一任务二中活动一、活动二和任务三，模块二）、宁波经贸学校俞春飞（模块一任务二中活动三、活动四和任务三，模块四）、杭州第一技师学校闫四清（模块五任务一）、杭州第一技师学校蒋小莉（模块五任务二）、杭州第一技师学校赵宝丽（模块五任务三）、杭州第一技师学校张晓军（模块六）、杭州第一技师学校曲祝红（模块七）、绍兴市中等专业学校吴梦琦（模块八）。宁波彩虹大药房陈波萍参与编写。

　　本书在编写过程中参考了部分教材和有关著作，从中借鉴了许多有益内容，在此向有关作者致谢。同时得到了各编者单位的大力支持，在此表示衷心感谢。

　　由于编者水平有限，书中缺点和不足之处在所难免，恳请广大师生和其他读者提出批评和改进意见，以利于进一步完善。

**编 者**

2015 年 5 月

# 目　录

# 模块一　认识药店

药店是指零售药品的门市。药店销售感冒药、泻药、胃药等各种药品，方便人民群众购买药品，以利于人民群众健康。中医史上第一家官办的药店"太医局熟药所"诞生于宋神宗熙宁九年（1076年），是大名鼎鼎的改革家王安石批准创建的。可以说，它就是现代中药店的前身。

## 任务一　药店类型

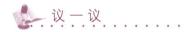 议一议……

药店有哪些类型呢？

随着市场竞争的日益激烈，越来越多的药店经营者意识到了差异化经营对于形成核心竞争力的重要性。不同类型的药店把服务特色融入差异化经营中，从而形成核心竞争力。常见的药店类型有平价药店、连锁药店、药妆店等。

### 一、综合健康广场

综合健康广场采用的是多元化经营模式，除经营药品外，还经营与健康相关联的商品（图1-1）。综合健康广场所提供的服务除药学咨询服务、药师服务、就医门诊服务、健康服务等核心服务外，还提供针对女性的美容美体服务、针对中老年人的营养保健服务、针对购买中药材顾客的中药加工服务，以及针对所有顾客的存包服务、导购服务、会员制服务等。

### 二、平价药店

平价药店是一种传统的药店类型（图1-2）。平价药店优势在于价格低廉，满足了普通老百姓

图1-1　综合健康广场

对常用药品的渴望与需求。尤其是解决了一些对药品价格敏感、不能享受医保的消费者需求，但是平价药店受低成本的限制，不能为顾客提供多种多样的服务。

### 三、超市店中店

超市店中店与一般的独立药店在经营范围上无明显区别，但是超市店中店一般面积较小，因此能提供的药品种类有限，服务类型也较为单一（图1-3）。为促进销售量，该类药店对营业员问病荐药的技能有更高要求。

图1-2    平价药店

图1-3    超市店中店

### 四、精品药店

精品药店是指以高档产品及更专业化的优质服务吸引中高端消费者的药店（图1-4）。精品药店配有药师、医师、营养师、美容师等专业人士，可提供专业化服务。这些专业人士为消费者量身打造医疗服务计划、营养保健计划、美容美体计划等。精品药店服务面向具有一定消费实力和消费需求的中高端消费人群，因而店址一般选在繁华商业区以及高档商务区、住宅区。

### 五、药妆店

药妆店是指销售药品、化妆品、日用品和洗护品等的店铺（图1-5）。药妆在我国起源较早，甲骨文中就有关于这方面的记载，以后随着中医药的发展，这方面的研究、记载历代从未间断。近代以来，药妆逐渐在西方流行，随着护肤品市场的开放，国外药妆也进入中国市场。加之人民生活水平提高，以及消费者对传统中医药深化认知，中国的药妆店如雨后春笋般出现了。

图 1-4　精品药店

图 1-5　药妆店

药妆店的目标人群以 20~40 岁白领女性为主，以专业美容师为核心，对消费者提供美容专业指导，同时提供美容美体资讯、引领健康消费方式。药妆店的特色主要有以下四个：

1. 本土地方特色强，价格低

药妆店出售的产品基本都是本土的品牌，和进口的产品相比，省下了额外附加的运费、关税等费用。所以同等质量的产品，本土比进口价格更低。

2. 品种丰富，货源稳定，价格优惠多

同样的化妆品，在药妆店购买比在百货商店购买的价格便宜 10%~20%，因为大多数药妆店都是直接从生产厂家进货，并且签订有稳定供货协议。

3. 产品可试用，选购自由

通常情况下，药妆店都应该是开架式的。没有导购的推销，并且几乎每一款化妆品都可以免费试用，自由度颇高。

4. 量身定制

精品药妆店会聘请美容资深专家为消费者结合产品量身定制适合的美体美容方案，进行挂牌服务。

　知识链接

在日本，药妆店叫 kusuri，就是药的意思。如果按照日本药妆店的标准，凡是有化妆品销售的药店都可称为药妆店。在我国台湾和香港，凡有药品销售的个人护理用品店，都可称作药妆店，药妆店其实就是个人护理用品店，只不过在店内都有药品专柜。

### 六、连锁药店

连锁药店是指在一个连锁总部统一管辖下，将有着共同的理念、经济利益、服务管理规范的众多药店，以统一进货或授权特许等方式连接起来，实现统一标准化经营，共享规模效益的一种组织形式。

1. 连锁药店的分类

（1）按照区域分　全国性连锁、区域性连锁。

（2）按照销售额分类　大型连锁、中型连锁、小型连锁。

（3）按照药店管理　全直营连锁、半直营连锁、加盟连锁。

2. 连锁药店基本特点

（1）管理特点　统一标志、统一采购、统一配送、统一定价、统一质量、统一管理。

（2）经营特点　规模化、多元化、规范化、标准化、信息化。

练一练

寻找连锁药店

寻找本城市中出现的连锁药店，并选择其中一个进行介绍。

### 七、药店中医馆

中医药自古就是医药不分，传统中药店都有郎中坐堂。中药作为治病救人的特殊商品，最好需要医生先诊病后卖药。目前，随着新医改的推进，使治疗常见病的基药门诊报销比例越来越高，而且基药目录还在扩大。这样，药店就不再具有价格优势。这种情况下，药店如果还以药品销售为主，并取得较好的经济效益，就不得不借助店内中医馆的服务诊疗，销售本药店的中药产品。

药店中医馆（图1-6）是为顾客创造传统的就医环境，采用望闻问切的诊断方法，以中药饮片和中成药加上中医特色诊疗方法，为慢性病、疑难病、复杂病、亚健康人群提供诊疗服务的场所。药店内的中医馆一般具有以下特点：

图1-6　药店中医馆

（1）古色古香的就诊环境。

（2）会聚名老中医专家（国家级、省级名老中医）和民间名医。

（3）采用中医传统诊疗方法，辅以西医的检查化验。

（4）治病以中药饮片煎服为主，辅以口服中成药、运用针灸推拿等。

（5）以慢性病、亚健康人群为主要服务对象。

## 八、网上药店

网上药店（又称虚拟药店），是指企业依法建立的、能够实现与个人消费者在互联网上进行医药商品交易的电子虚拟销售市场。网上药店只能经营非处方药（OTC），其主要功能是网上药品零售和在线药学服务（图1-7）。

图1-7　网上药店

1. 优势

（1）药品便宜　由于没有房屋租金、大量员工工资、工商税务费用、库存投资等资金的投入，网上药店的成本比实体门店要低，药品价格也相对较低。

（2）购药方便　消费者可以足不出户，随时下单购药，只需在网络上输入相应药店店名、地址、购药品种和数量以及支付方式等信息，药品就会送到消费者手里。

（3）保护隐私　在网站上，患者可以购买一些在实体店中不愿向店员讲述的隐私性较强的产品。

（4）实体零售药店很少见的药品　消费者可以在网上药店购买到在一般零售药店较难见到的非处方药。

2. 缺点

（1）商家的诚信问题　现在网上的商家鱼龙混杂，好坏兼有，所以一定要注意识别懂一定专业知识的骗子。

（2）药品配送问题　网上购药一般从购买药品到取得药品的时间较长，不能解决患者急需某种药品的需求。

# 任务二  药店环境

 活动一   环境布局

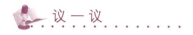 议一议 · · · · · · · · · · ·

如果你想开设一家药店，你准备开在哪里呢？为什么？

## 一、内外环境选择

药店的环境与布局直接影响到药店的客流量，因而间接地影响着药店的商业利润，可见合适的内外环境至关重要。因此，无论何种类型及多大规模的药品经营企业，都要求有一个整洁美观的内外部环境，具体体现在以下方面。

1. 内部环境

首先，药店内部环境应整洁卫生。营业场所宽敞明亮，做到内外表面光洁、平整、无脱落物，地面光滑、无缝隙，门窗结构严密；橱窗、柜台、货架摆放整齐，布置合理；指引与识别醒目、正确、清楚。

其次，药店内部环境要充分考虑顾客的购药体验，注重视觉识别概念，尽量给顾客创造愉悦的感觉和整体的形象，并突出购药过程的便利性和空间感。

2. 外部环境

首先，药店外部环境要避开污染源。在药品经营过程中，药店从业人员需要对药品进行验收、检验，还可能存在拆零、分装等经营业务，这些操作都应该在无污染的环境下进行，否则将对药品质量产生严重影响。

其次，对药店周边经济环境、人口密度及交通条件进行调研。重点关注在门店周围可辐射范围内的经济结构和商业形态，了解周边比较集中的住宅小区情况，并按药店内定标准划分居民的生活质量层级，以及配套生活服务场所（如饭店、超市、学校等）的情况，还参考直达门店公交车数量和门店附近的道路交通情况以及门店附近是否有临时停车场所等。

## 二、内部环境规范

药店布局，必须符合《药品经营质量管理规范》（GSP）的相关要求。GSP中规定药品零售企业应有与经营规模相适应的营业场所和药品仓库，并且环境整洁、无污染物。企业的营业场所、仓库、办公生活等区域应分开，并做好有效的隔离措施，防止对药品造成污染。

1. 营业场所

营业场所应该按照药品分类管理的要求，依据提供无差错服务的原则，对不同剂型、不同类别、不同品名、不同用途的药品进行合理而安全的营业布局，如有必要设立特定的区（柜）并提供有效的识别指引标志。但需要注意的是，经营中药材与饮片的零售企业，应在营业场所内设置专门的零售区域。经营特殊药品或国家专门管理要求的其他药品的零售企业，应当布置符合 GSP 要求的专门陈列与存放区（柜）。

2. 仓库

对于药品零售企业来说，药品流动性较大，仓库是用来暂时存放待售药品的场所。该区域划分要求明确合理，对于特殊药品要有专门的存放隔离区域，并应清晰准确地予以标志。同时，GSP 实施细则规定药品零售企业应根据所经营药品的储存要求，设置不同温湿度条件的仓库。其中冷库温度为 2~10℃；阴凉库温度不高于 20℃；常温库温度为 0~30℃；各库房相对湿度应保持在 45%~75%。

3. 办公生活区

办公生活区应该和营业场所、仓库保持适当的距离，可以采用不同的方式对该区域进行有效的隔离，为人流、物流分通道提供导向。

 知识链接

**GSP 实施细则对药品零售企业场所面积的规定**

第六十条 用于药品零售企业的营业场所和仓库，面积不应低于以下标准：

※ 大型零售企业营业场所面积 100 平方米，仓库 30 平方米。

※ 中型零售企业营业场所面积 50 平方米，仓库 20 平方米。

※ 小型零售企业营业场所面积 40 平方米，仓库 20 平方米。

※ 零售连锁门店营业场所面积 40 平方米。

### 三、营业场所布局

社会上各式各样的药店，种类繁多，店面规模，装饰布置各不相同，但无论其形式结构怎么变化，一定都是由三个空间组成，即药品空间、店员空间、顾客空间。三种空间的合理配置对形成有效的药店结构布局起着重要的作用。

1. 接触型药店

接触型药店是指直接面对街道或客流通路的药店。这种药店使顾客能够尽量接近药

品，无须进入药店即可浏览或询问药品。这种类型的药店常见于商场、大卖场或火车站内的一些药品专柜或药店。

2. 退缩型药店

退缩型药店是不将药品陈列于药店门前或客流通路，而在药店内部设置柜台和货架，顾客必须进入药店才能浏览咨询，药品空间将顾客空间与店员空间隔开。退缩型药店空间结构设计中药品空间与药店正门较近，这种格局对于处方药是必须采用的，属于柜台式销售，常见于中小型药店。

3. 退缩环游型药店

退缩环游型药店在药店门前并不展示药品，顾客进入药店之后，可以在店内自由走动浏览咨询药品。顾客、店员、药品空间皆在室内，且空间感比较充裕。这类药店最为常见，主要是邻近社区的药店，店内处方药和非处方药区域划分清晰，整体布局给人的印象是欢迎参观。

4. 接触退缩环游型药店

接触退缩环游型药店兼具各类药店的性质，在药店门前摆设丰富的药品吸引顾客，同时顾客进入药店之后，也可以自由随意地选择药品。这种类型的药店，多为已经很有名气的连锁药店，可以根据实际需求调整局部的布局结构，将开架销售和柜台销售相结合，格局灵活。

##  活动二　店面环境设计

在大多数人的观念中，人们对药店环境没有太多的要求，去药店无非是为了买药，大多是来去匆匆，顾不上观察药店环境是否优美。仅仅还是停留在干净和卫生这两个方面，但实际上，就在顾客短短的停留时间内，他们已经对药店的布置摆设留下了深刻的印象。无论如何，一个环境优美的店面总是比一个毫无特色的店铺更能吸引人。

### 一、设计总体思路

1. 突出整体

突出设计的整体感，门面和店内要统一，格调要一致，内外要协调。对于连锁药店，各个单体店面的形象也要达到统一风格，让顾客产生视觉定式，形成一种专业统一的感官意识。

 议一议

请你说说麦当劳的设计风格？只看餐厅一角你还能认出是麦当劳餐厅吗？

2. 注重细节

（1）招牌　除了要做好招牌设计以外，还要注意门面、牌匾的尺寸设计，强调美观大方简洁。连锁药店还需统一风格。

（2）地面　要注意地面的色调和整体协调，还要注意防滑和容易打理。

（3）功能区划　要设计出销售区、咨询区、休闲区、办公区等，不管地方有多大但必须具备这些功能区，只有这样才能做到功能完善齐全。

（4）灯光　灯光的亮度要合适，在灯光设计时不用富丽堂皇、过于复杂，否则会给消费者带来压迫感。灯光要尽量多分组控制，这样可以调整亮度节约用电。

（5）柜台货架　按照销售功能区域的不同进行柜台货架的设计摆放，并结合购物者的身高和取药的便利程度，设置合理的货架高度与间距，而柜台各层的间距要视各层药品的摆放需要而定。

（6）色彩　没有色彩设计，药店的整体色调就会不协调。药店内不同的功能区域应当根据需要进行颜色区分，以凸显特色。

## 二、招牌设计

药店的招牌主要分为正面招牌与侧面招牌。正面招牌是表明和指示药店的名称和正面位置的标牌。侧面招牌用来提示过往行人，引起行人对商店的注意。药店招牌最主要的功能是突出表现品牌的统一性、独立性，树立品牌形象，扩大品牌效应。因此必须鲜明地体现品牌的标志和名称，色调应绚丽、突出、对比强烈。

药店招牌的命名要注意以下几点：

（1）简洁明了，易于传播　中文招牌名称一般以2~4个字为宜，英文名一般以4~7个字母为宜。

（2）响亮气魄，易于上口　招牌名称要具有冲击力及浓厚的感情色彩，给人以震撼感。

（3）独特新颖，易于记住　招牌名称要有较强的自我区分度，体现自身的鲜明个性，并同时兼顾时代感。

（4）启发暗示，易于联想　招牌名称要体现药店所经营产品或药店本身的良好寓意。

（5）结合标志，易于推广　当招牌名称与品牌标志物相得益彰、相映生辉时，品牌的整体效果会更加突出。

另外，除了招牌名称的设计外，招牌设计还包括字体、颜色、图案、风格、布局等。

## 三、照明设计

药店的灯光应采用纯白双管日光灯，因为日光灯的照明度最为均衡，同时双管日光灯还能够弥补单管日光灯的直射死角，而且纯白的灯光能够毫无保留地反射出药品的原始色彩。日光灯应安装在购物通道的上方，距离货架的高度约等于购物通道宽度的一半，灯管的排列走向应与货架的排列一致，保证能够从正面直接照射到药品上。

在营业场所最里面或边角的地方，照度要求略高，用灯光效果来弥补顾客对边角的模糊视觉。商店的出入口处以及行人从店外能够直视到的店内部分，保证店内的光线始终高于室外光线，使药店对行人有足够的视觉吸引力。

零售店面和店内照明亮度的均衡分配应是：以全体照明的店内平均照度为1，店面橱窗为2~4倍，店内正面深处部分为2~3倍，药品陈列面为1.5~2倍，另外，需要加倍亮度的地方，只要加上局部照明即可。

### 四、色彩设计

顾客进入药店的第一感觉就是色彩。在药店内恰当地运用色彩组合，调整店内的色彩环境，对形成特定的氛围空间能起到积极的作用。药店的色彩要素来源于药品、陈列器具、天花板、墙面、地板以及照明设施，主要考虑整体色调是否均衡协调。墙壁、陈列架的颜色，要将药品的特色显现出来，以达到吸引顾客的目的。

在色彩布置上，药店应为顾客营造一种轻松舒适的氛围，不同的药品可以采用不同的背景颜色。如将注射剂等药品柜布置成浅蓝色的背景，而将中药柜中的饮片和中药材布置成金黄色的背景，让顾客通过视觉感受，引起购买欲望。

药店的色彩应以浅色调为主，如果药店营业面积不大，色彩组合尽量要显得简单，不应用太多的色彩。反之，如果药店营业面积较大甚至有多层，则可根据药品、楼层、区域的不同而采用不同的色彩，但为了使药店有统一的视觉形象，色彩的运用还是要在统一的前提下体现变化。

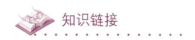
知识链接

#### 色彩的心理反应

人们对色彩的感觉来源于物理、生理以及心理的综合反应。红色、黄色和橙色被认为是"暖色系"，给人们一种温暖快活的感觉，而蓝色、绿色和紫罗兰色被认为是"冷色系"，给人们一种雅致洁净的感觉。暖色向外扩张、前移，给人一种压迫感；冷色向内收缩、后退，给人一种开阔感。对于这些规律的掌握，将有助于我们对药店购物环境设计的色彩处理，从而提升整体效果。

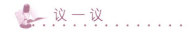 **活动三　信息环境**

 **议 一 议** ⋯⋯⋯⋯

药店可以通过哪些途径来展示药店信息？

药店需要将各种药品信息及时地展示给顾客，以便吸引顾客购买。药店信息的展示有很多，如药店的印刷品、POP 广告、会员手册、健康课堂、顾客意见簿等。

### 一、药店印刷品

药店印刷品，是药店的店员或药店利用报纸、招贴画、宣传册等形式发布介绍自己所推销的商品或者服务的一般形式印刷品广告。药店的广告宣传，应符合国家有关规定。药品广告宣传内容要以省级以上（含省级）药品监督管理部门批准的内容为准，不得杜撰夸大。药品印刷品广告须经当地工商行政部门批准，在规定范围内使用。药店印刷品除印推销的药品、保健品或服务外，还可以印药店的联系电话、地址以及传递医学保健知识等。如中药的 OTC 品种，其源远流长，可将这些类似小故事的历史渊源编辑成手册供读者翻阅。药店印刷品可以使读者了解药店，了解药店中的商品，增强药店与读者之间的联系，并进一步吸引读者的目光。

**练 一 练** ⋯⋯⋯⋯

请设计药店店庆的报纸。

### 二、POP 广告

POP 是英文 Point of Purchase 的缩写形式。Point 是"点"的意思。药店 POP 广告就是指在药店墙壁、货架、天花板等可用的面，粘贴商品海报、标贴、小吉祥物，以及播放视频影像等，营造出最佳环境氛围，能有效地刺激顾客潜在的购买欲，引发最终购买。药店的 POP 广告可以是短期的、季节性的，也可以是中长期的药店人文关怀语、品牌故事等。如在药店创休闲吧，放置一些供消费者休息的椅子和桌子，同时准备一些茶水、养生杂志等。可以简单地在桌面、茶壶表面制作 POP 广告，让消费者在休息的时候来阅读，就像平时边喝茶边看报纸一样。POP 的制作方法很多，但手绘（如图 1-8 药店中常见的 POP 广告）是其中重要的一种，它简单、经济又具有美感、个性，容易引人注目。

图 1-8　药店中常见的 POP 广告

练 一 练

请你设计一份药店夏季的"清凉一夏"POP 广告。

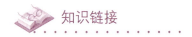

知识链接

POP 广告的促销目标与种类

POP 广告的促销目标：

※ 用特殊的方式将顾客引到促销地点。

※ 加深顾客对商品的认识度，提高购买欲。

※ 将商品的优点、价值等告诉顾客，刺激其购买。

POP 广告的种类：

※ 店头的 POP，如橱窗展示、气球上的 POP 等告知顾客该节日的促销主题，营造气氛。

※ 店内的 POP，如专柜的 POP、特卖 POP、告知 POP 等。

※ 商品的价格 POP。

三、会员手册

实行会员制，为来药店的顾客办理会员卡。会员制是药店给顾客提供多方位、更人性化服务与帮助的一种承诺。它可以使药店与顾客之间建立良好的关系，也有利于顾客安全用药。

会员手册的内容可以是积分赠送的赠品、按积分返利、会员折扣日信息等，以彰显对会员的优待，达到稳定客源的目的。

### 四、健康课堂

随着经济的发展和人们生活水平的提高，人们对健康知识和养生保健的需求日益增强。健康课堂以疾病防治、养生保健等为主普及健康知识，是人们喜闻乐见的一种宣传方式。药店可以邀请专家或资深药师来开课，以吸引人气，提升药店品牌。健康课堂的活动形式和内容可以多样化。如重阳节健康课题：温情重阳——高血压防治知识咨询及测血压。

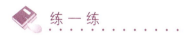

练一练

请你设计一份药店健康课堂的活动方案。

### 五、顾客意见簿

在药店醒目的位置设置顾客意见簿，这样便于顾客提建议，促进药店不断提高自己的服务水平和服务质量，从而达到双赢。

## 活动四　价格环境

随着市场发展，药店的竞争也越来越激烈。药店需采用各种竞争手段来取胜。而药店的价格环境通常是药店的竞争手段之一。药品价格的制定需依据国家政策、成本与需求、竞争对手的价格。

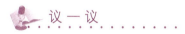

议一议

药店的价格形式有哪些？

### 一、规定价格

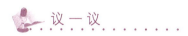

议一议

常见的药店价格牌是怎样的？请制作一张价格牌。

药品规定价格又称为习惯价格，是指药品在市场上销售多年的价格。它是由政府调价和成本原因决定。一般药品价格标牌的制定包含以下几个方面：品名、规格、产地、计价单位、零售价、条形码或店内码。如图1-9某药店的价格标牌。

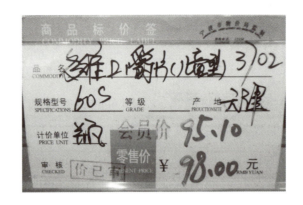

图 1-9　某药店的价格标牌

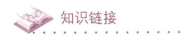知识链接

政　府　调　价

政府价格主管部门制定药品的调价政策，并以公文形式下发。连锁药店总部接到上级部门调价通知，并在规定范围内制定价格。如 2013 年 1 月 8 日国家发改委发出通知，2013 年 2 月 1 日起调整呼吸、解热镇痛和专科特殊用药等药品最高零售价，此次降价涉及 20 类药品，400 多个品种。连锁药店总部在接到通知后先学习调价政策，再制定调价药品种类，然后更新药品单价，制定新的价格标牌。

## 二、促销价

促销是药店营销的手段之一。促销的模式有多种，常见的有会员积分换赠品、会员折扣、添花赠送、竞赛抽奖、赠送样品、满送（图 1-10）、优惠券等形式，从而稳定老顾客，增加新客源，促进销售。促销要有一定的技巧，否则消费者容易产生逆反心理，如没好货、不买等想法。促销要精心策划，可以有主题，主题选择公众关注度高的，这样容易引起大家的共鸣。如"六一"节促销主题："关注你孩子的成长"；父亲节促销主题："献给父亲的爱"。

图 1-10　买送活动的 POP

知识链接

优　惠　券

在促销时，优惠券的设计主要包括文字、功能。文字的设计内容有促销的主题，优惠的

额度、时间、范围，发券店名、地址、电话。内容要简洁、清楚。功能可以将商品的信息印在上面，起到宣传作用。

### 三、特价

特价是药店使用最频繁的促销工具之一。特价商品可以刺激消费者，增加他们的购买欲望，扩大销售。药店可以对一些药品或保健品在需求的淡季将价格定低一些，鼓励消费者购买。特价要控制降价商品的范围，少数几种商品大幅下降比多种商品小幅下降的促销效果要好，还要师出有名，否则顾客还以为是质量有问题。可以使用一些字眼，如折扣优惠价、让利酬宾等，如图1-11所示为特价商品。

### 四、其他

价格展示的其他方式还有店长推荐、新品上市POP等。店长推荐是促销的一种手段。店长最了解自己所销售的产品。店长推荐告诉顾客消费力度大，最实惠等，鼓励消费者购买。药店新进商品，由于消费者不熟悉，故可以采用新品上市POP等方式吸引消费者眼球，扩大商品的影响力，提高销售额。如图1-12新品上市价格牌。

图1-11　特价产品

图1-12　新品上市价格牌

## 任务三　药店环境设计实训

### 一、实训地点

药店（或模拟药房）。

## 二、实训目的

（1）能根据新颖大方的要求设计药店外观。

（2）能依据适用美观的原则进行药店环境设计（包括布局、标语、装饰等）。要让顾客容易发现商品分区，并找到自己需要购买的商品；容易发现促销活动以及优惠的商品；最大限度地延长顾客在药店的停留时间。

（3）能根据药店的活动进行价格牌设计。

## 三、实训材料

（1）若干药店外装内景的图片。

（2）空柜台、空货架、药品说明书、POP 广告纸、铅画纸、水彩笔、马克笔、油画笔、铅笔、颜料、美工刀、剪刀、胶水、尺子、立式广告牌、座椅及其他装饰物品。

（3）学生预习后可根据自己的创意需要准备自带物品。

## 四、实训内容

（1）结合药店外装潢图片的分析讲解，要求学生利用水彩笔、铅画纸、彩色卡纸等物品设计药店外观，并说明设计理由。

（2）结合药店内景图片，评价图片中药店布置的优缺点。要求学生以小组为单位，利用所提供的实训材料，结合主题活动进行药店内环境的设计，并做说明展示。例如依照冬令进补的习俗，配合药店举办"膏方节"的活动，设计在"膏方节"期间的药店布局、标语以及相关特价药品的促销价格牌。

（3）完成小组任务书。

## 五、实训指导

### 1. 外装潢

药店的外装潢要求简洁大方，让人一眼就能明白药店所提供的商品及服务。具体表现在以下两个方面：

（1）适应环境 药店店面的设计要与周围环境相互协调，与商圈内顾客的需求喜好、生活方式相吻合，与店内环境的设计融为一体，树立一个完美的外观形象。

（2）体现风格 药店店面的设计必须新颖、简明、美观大方，体现药店自身的经营理念和服务风格，能吸引顾客注意。店铺招牌本身就是具有特定意义的广告，因此招牌的颜色要醒目，要使顾客或过往行人从远处或不同角度都能清楚地看到。

2. 内布局

药店是激起消费者购买欲望并完成购药行为的场所，店堂内部装修及商品陈列方式等诸多因素都能引起消费者不同的情绪感受，影响购买心理，左右购买决策的确立与施行。因此，迎合消费者心理，布置一个舒适优美的购物环境，可以增加销售额。具体包括以下几个方面：

（1）药店基本布局 店堂布局的核心是顾客流动线的设计，成功的设计能最大限度地延长顾客在药店的停留时间。顾客流动线即顾客进入药店后移动的线路。不同顾客因年龄、性别、性格差异，其移动的线路当然有所不同。一般而言，中老年人进入药店停留的时间较长，往往停留在心脑血管、风湿类等处方药类处，慢慢地细阅说明书，选择自己所需要的药。而中青年人一般停留时间较短，喜欢选购一些OTC药品和广告性强的药，如补肾、减肥、健脑、益智类。他们进店后，想尽快地看到自己所需要的药品，购买后迅速离开。

（2）柜台设计基本要求 柜台设计以中等身材的人的身高为标准，商品陈列前柜的柜台高度与宽度一般控制在80 cm左右。柜台层次一般分为三层，从上至下比例为3∶3∶4。

（3）货架设计基本要求 货架包括陈列架、储藏柜两部分，二者的比例应恰当，一般药店选择1.618∶1的黄金分割比例。陈列架为3~4层，按4层从上到下比例为3.5∶1.5∶2.5∶2.5；按3层从上至下比例为4.5∶2∶3.5，高度控制在1.8~2.0 m。最上层适宜陈列畅销款或药店主推款，所以较高一些，下面几层放一些盒装、瓶装药，所以较矮一点。

（4）购物通道的设置 药店通道的设计应尽可能直而长，尽量减少弯道和隔断，并利用商品的陈列，使顾客不易产生疲劳厌烦感，潜意识地延长在店内的逗留时间。通道宽度一般为1.4~1.8 m，能让两个人及其购物篮或购物车并行或逆向通过，并能随意转身。通道不能太宽，若通道宽度超出顾客手臂或者视力所及范围，那么顾客就会只选择单侧商品。而通道太窄，则会使购物空间显得压抑，影响到顾客走动的舒适性，产生拥挤感。

3. 标语设计的写作技巧

（1）运用修辞手法。

（2）活用歌谣歌词。

（3）套用成语俗语。

（4）借用诗词典故。

4. 主题活动、促销价格牌设计的提示

可采用特价、促销价、会员专享价、店长推荐价等多种价格牌设计形式，同时配合使用POP广告。

附：小组任务书

| 小组任务书 | | | |
|---|---|---|---|
| | 步骤 | 具体工作 | 备注 |
| | 1. 药店外观环境设计 | | |
| | 2. 药店内部布局设计 | | |
| | 3. 药店内部环境设置 | | |
| | 4. 设计完成具体实施 | | |
| | 角色 | 姓名 | 备注 |
| | 组长 | | 总协调 |
| | 备料 | | |
| | 创意 | | |
| | 执行 | | |
| 三、经营理念 | | | |
| 四、体会分享 | | | |
| 五、取长补短 | | | |

# 课 后 练 习

## 一、选择题

A 型题

1. 网上药店的主要功能是网上药品零售及（　　）。

A. 在线药学服务　　　　　　　　　　B. 开架自选

C. 需在执业药师的指导下购买　　　　D. 宣传新产品

2. 平价药店受（　　）的限制，不能提供多种多样的服务。

A. 场地　　　　　B. 董事会　　　　　C. 区域　　　　　D. 低成本

3. 在药店门前并不展示药品，顾客进入药店之后，可以在店内自由走动浏览咨询药品的药店类型是（　　）。

A. 接触型药店　　　　　　　　　　　B. 退缩型药店

C. 退缩环游型药店　　　　　　　　　D. 接触退缩环游型药店

4. 零售店面和店内照明亮度应均衡分配，以全体照明店内平均照度为1，药品陈列面应为（　　）倍。

A. 1.5~2　　　　　　B. 2~3　　　　　　C. 2~4　　　　　　D. 3~4

B 型题

5. 药店的常用类型包括（　　）。

A. 综合健康广场　　　　B. 平价药店　　　　　C. 超市店中店

D. 药妆店　　　　　　　E. 精品药店

6. 药店按照区域分类为（　　）。

A. 直营连锁药店　　　　　　　　　B. 全国性连锁药店

C. 区域性连锁药店　　　　　　　　D. 加盟连锁

E. 小型连锁

7. 价格牌应包含（　　）。

A. 品名　　　　　　　　B. 规格　　　　　　　C. 价格

D. 数量　　　　　　　　E. 有效期

## 二、判断题

1. 网上药店能经营处方药。（　　）

2. 药品广告宣传内容可以根据自己的意愿制作。（　　）

## 三、填空题

1. 药店外部环境首先要_____，其次对药店周边_____、_____及_____要进行调研。而对于内部环境首先药店应_____，其次要充分考虑顾客的_____。

2.《GSP 实施细则》规定药品零售企业应根据所经营药品的储存要求，设置不同温湿度条件的仓库。其中冷库温度为_____℃；阴凉库温度不高于_____℃；常温库温度为_____℃；各库房相对湿度应保持在_____。

## 四、名词解释

1. 药妆店

2. 连锁药店

## 五、问答题

1. 药妆店的特色有哪些？

2. 连锁药店的管理特点是什么？

3. 药店招牌命名的注意事项有哪些？

扫一扫

## 六、分析思考

1. 观察身边的药店或通过网络等搜索途径，找找你认为最有特色的药店环境，并说明理由。

2. 请设计一份以阿胶为主题和一份以"感恩"为主题的药品 POP 广告。

# 模块二　职业规范

　　一个人，不论从事哪一行，哪一职业，在职业活动中都要遵守一定的规范，这种规范称为职业规范。职业规范不仅指行为上的要求，而且包括本行业对社会所承担的道德责任和义务。医药行业最根本的宗旨是为人民健康服务，因此对于职业规范的学习就更加重要。

## 任务一　行为规范

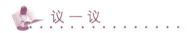 议一议

　　与其他行业相比较，你认为医药行业有什么特殊性？

　　2001年10月深圳某咨询公司在25家零售企业协助下，与深圳零售商业协会共同完成了"顾客满意度指数"研究调查，本次调查显示，深圳顾客对医药连锁店最在意的首先是药品质量，其次是药店信誉/品牌形象，第三是地理位置，要求购买方便。这三个要素即顾客的优先要求，而要满足顾客的优先需求就要求药店工作者必须自觉约束自己的行为，遵守医药行业职业守则，具有高尚的医药职业道德素质。

### 一、遵纪守法，爱岗敬业

　　遵纪守法是医药行业从业人员必须具备的起码的基本品质，是行业职业道德的一项重要规范。在实际岗位工作中，医药从业人员应加强药事法律法规的学习，真正做到有法可依、有法必依，因为这直接关系到医药职业活动的正常秩序和各项方针政策的贯彻落实。

　　爱岗敬业就是认真对待自己的岗位，对自己的岗位职责负责到底，无论在任何时候，都遵守自己的岗位职责，对自己的岗位工作勤奋有加。只有热爱医药，才能对医药职业具有责任感、荣誉感和使命感，才能充分发挥医药职业人员的积极性、主动性和创造性，在本职岗位上为医药事业贡献力量。

　　具体要求如下：

　　1. 依法经营药品

　　从业人员要认真学习药事法律法规，并落实在行动上。严禁出售假劣药品。

2. 忠诚医药事业

忠诚医药事业，就是热爱自己所从事的医药事业，对技术精益求精。

3. 工作认真严肃

医药人员肩负着维护人民身体健康的崇高使命，因此对待工作严肃认真、一丝不苟的职业道德尤为重要。

4. 按处方配售药

销售药品必须准确无误，并正确说明用法、用量和注意事项。对处方药必须凭处方销售。销售非处方药，要有高度的职业责任感，关心顾客，了解用药目的。

## 二、质量为本，真诚守信

质量为本是医药职业道德规范的重要内容，也是评价职业活动的主要依据。医药产品是保障人民身体健康的特殊产品，因此对医药产品质量的要求特别严格。医药工作者要牢固树立质量第一的观念，以对人民用药安全高度负责的态度，把药品质量放在首位，熟悉药品知识，提高鉴别能力，坚决杜绝假劣药。

医药质量体现在两个方面，一个是医药产品质量；另一个是医药工作的服务质量，而服务质量最突出的要求是真诚守信。真诚守信不仅是做人的准则，也是做事的基本准则。

具体要求如下：

1. 产品信得过，质量有保证

产品的质量是企业的生命，质量有保证，让消费者信得过，企业也就拥有了强大的生命力。

2. 重服务，讲信誉

服务质量好，讲信誉，守信用是患者对医药从业人员的一种希望和要求。

3. 诚实劳动，合法经营

医药从业人员在职业活动中，只有诚实劳动、合法经营，才能维护消费者利益，才能做到真诚守信。

4. 实事求是，不讲假话

医药从业人员对产品的质量宣传要合乎实际，产品广告不能随意吹嘘，力求做到诚、真、实。

## 三、急人所难，救死扶伤

医药从业人员从事的是一种维护人的生命和保护人类健康的服务工作。医药从业人员的职责、义务、态度和专业技术直接关系到人民群众的生命安危，涉及千家万户。无数事实证明，只有道德高尚，对患者负责，才能有效地减轻或解除患者的病痛。

具体要求如下：

1. 对患者一视同仁

要求从业人员对患者不论富贵贫贱、长幼妍媸、怨亲善友，均应一视同仁。

2. 患者利益放首位

要求从业人员必须把患者的利益放在首位，以患者为中心，不应瞻前顾后，考虑自身利益和得失。

3. 有深切的同情心

要求从业人员面对患者的要求，要有同情心，急患者之所急，竭尽全力为患者服务，具有人道主义精神。

4. 业务熟练

要求从业人员必须具备丰富的业务知识和熟练的职业技能，才能为患者提供优质的服务，才能尽到职业责任。

### 四、文明经商，服务热情

文明经商、服务热情不仅表示对服务对象的尊重，也表明对自己工作的重视。文明经商、服务热情包括营业场所的文明，要保持营业场所的清洁卫生，保持良好的店容店貌，按要求陈列医药商品；销售商品要主动热情，耐心周到。

具体要求如下：

1. 仪表整洁，举止大方

要求从业人员穿着整洁，举止文雅、大方，佩戴证件，持证上岗，站柜姿势端正。接待顾客，做到眼勤、嘴勤、手勤、腿勤。

2. 微笑迎客，主动热情

要求从业人员在接待来客时精神饱满，面带微笑，语言亲切，给人以宾至如归的感觉。对药品的用法用量和注意事项，要认真细致地向患者说清楚。

3. 尊重患者，平等待人

要求从业人员充满同情爱护之心，满腔热忱地为患者服务，有问必答。

4. 公平销售，讲究信誉

要求从业人员认真执行价格政策，坚持原则，秉公办事，不得利用工作之便谋取私利。

# 任务二　仪容仪表

对于一名药店从业人员而言，良好的印象尤其是第一印象十分重要。礼仪作为沟通人与人之间关系的一种表达形式，蕴含着我们的思想、修养和内涵，是拥有成功的必要修炼。

 活动一　仪容篇

### 一、发型

男士发型应体现力度感、塑造阳刚美。具体要求：前不遮眉、后不及领、侧不掩耳、发角上剃，如图 2-1 所示。

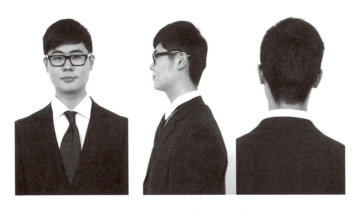

图 2-1　男士标准发型

女士发型应体现亲和力，塑造端雅美。具体要求：空出前额，发色自然，侧发不盖耳，如图 2-2 所示。

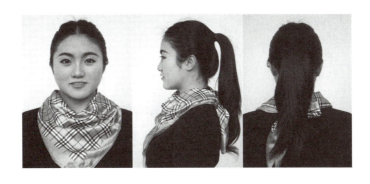

图 2-2　女士标准发型

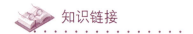知识链接

女士发型梳理

※ 头发梳理整齐后，中上线扎马尾，用黑色发夹固定，数量不超过 6 个。

※ 戴好发饰，用发夹固定好发髻，发髻高度不低于后脑发际线。

※ 用发胶处理刘海，呈大光明式。

## 二、手部

手是人的第二张脸，在服务行业中尤为重要。请养成"三天一修剪，每天一检查"的良好习惯。手掌朝上，从手心朝外看时，指甲长度不超过 1 mm；手掌朝下，指甲剪短修齐，不得涂有色的指甲油，如图 2-3 所示。

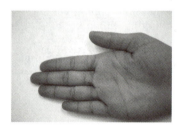

图 2-3　手部

活动二　仪表篇

### 一、着装

男士在穿西装时，务必拆除衣袖上的商标，要熨烫平整，注意纽扣的扣法。一般在站立之时，西装上衣的纽扣应当系上，以示郑重；在就座之后，西装上衣的纽扣则要解开，以防其扭曲走样，如图 2-4 所示。

男士正装衬衫应与西服配套，应选择单色无任何图案为宜，白色最佳。具体要求：衣扣要系上，袖长要适度，袖领口长于西服 1~3 cm，下摆要掖入裤腰内，衬衫大小要合身。领带颜色要注意与西装颜色搭配，并注意领带的系法，打结要求挺拔、端正、外观呈倒三角形，领带长度以到皮带扣处为宜。

女士穿着职业套裙，会使其精神倍增，神采奕奕，看起来精明、干练、优雅。一套在正式场合穿着的套裙，上衣和裙子要采用同一质地、同一色彩的素色面料。上衣注重平整、挺

括、贴身，较少使用饰物和花边进行点缀。裙子要以窄裙为主，并且裙长要到膝或者过膝，如图2-5所示。

图2-4　西装示范　　　　　　　　　　　　图2-5　套裙示范

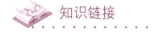 知识链接

· · · · · · · · · · · · · · ·

**套裙穿着和搭配的六大注意事项**

一是大小适度。上衣最短齐腰，裙子最长达到小腿中部。

二是穿得端正。上衣领子要翻好，衣袋盖子要拉出，衣扣全部系上。

三是注意场合。在正式活动中，一般以穿着套裙为好。

四是协调妆饰。穿套裙不能不化妆，但也不能化浓妆。在工作岗位上，不佩戴任何首饰也是可以的。

五是兼顾举止。套裙最能体现女性的柔美曲线，要求举止优雅，注意个人仪态。

六是搭配衬裙。穿套裙时一定要搭配衬裙，且衬裙裙腰不能高于套裙裙腰。

## 二、鞋袜

男士穿干净光亮的皮鞋与西装最为相配，以黑色为宜。袜子应选择纯棉或棉毛混纺的深色袜子为好，白袜绝不能穿。

女士穿套裙一般配以半高跟的黑色皮鞋，或与套裙颜色相近的皮鞋为宜，不要有图案或装饰不宜过多。袜子以单色的肉色最佳，选高筒袜和连裤袜为标准搭配，如图 2-6 所示。

图 2-6　鞋袜示范

##  活动三　仪态篇

### 一、站姿

优美的站姿，优雅的起点。基本站姿要求：头正、平视、微笑、径直、肩展、挺胸、收腹、立腰、提臀、并膝、并脚，如图 2-7 所示。

服务行业常用站姿：

男士双脚拉开，与肩同宽，双手在腹前（左手在上）或身后交叉相握，身体微微前倾。

女士两膝并严，脚跟靠拢，脚掌分开成"V"字形或"丁"字步。双手在腹前交叉，右手搭在左手上，如图 2-8 所示。

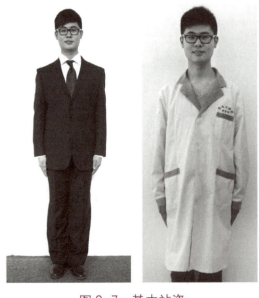

图 2-7　基本站姿

图 2-8　服务行业常用站姿

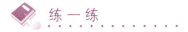

**练一练**

站 姿 练 习

靠墙训练 20~30 min，使后脑、双肩、臀部、小腿肚、脚后跟五点一线，能改善你的体姿。

顶物平衡训练，可以纠正低头、仰脸、头歪、头晃及左顾右盼的毛病。

## 二、坐姿

正坐式具体要求：至多坐椅面的 2/3，双手自然放膝盖上，膝盖并拢，侧面看，上身和大腿、大腿和小腿呈 90°夹角，如图 2-9 所示。

交谈时坐姿具体要求：上身正直、直立腰，两膝并拢，双腿斜放，与地面呈 45°夹角；双手相握或叠放，如图 2-10 所示。

图 2-9　正坐式

图 2-10　交谈时坐姿

**知识链接**

坐 姿 小 贴 士

坐到椅子上时应从椅子左边入座，站起来后要把椅子摆回原来的位置。

坐时腿向前伸或向后靠都是不对的，女士要两膝合并，摆向左或右。

坐姿训练每次不少于 15 min，配以适当的音乐可以减轻练习疲劳。

### 三、蹲姿

女士在公共场所掉落了东西，要不慌不忙先屈膝蹲下，再从容捡起。切记欲速则不达，太急可能会因为姿态不雅而有失身份。女士不管穿裙子或裤子，正确拾东西的姿势是：全身蹲低，挺直腰身，侧身拾起，如图 2-11 所示。

### 四、指示

指示具体要求：站直，手臂伸开，五指并拢，掌心朝上，根据指示位置的远近，调节肘部的幅度，如图 2-12 所示。

图 2-11  蹲姿

图 2-12  指示

### 五、引导

引导具体要求：

（1）面带微笑，目视来者，呈迎宾姿势，问候致意。

（2）引领时，走在客人左前方 2 步左右的距离，手臂抬起。男士手臂伸直但不紧绷，女士肘部略微弯曲，四指并拢，大拇指内扣，手掌和地面呈 45°，眼睛看着指示前行的方向，如图 2-13 所示。

（3）手臂保持不动，引导顾客前行。

### 六、鞠躬

鞠躬具体要求：身体呈商务场合立正姿势，脚跟并拢，面带微笑，目视来宾，身体前倾相应幅度。鞠躬越深，表示越尊重对方，如图 2-14 所示。

图 2-13　引导

图 2-14　鞠躬

# 任务三　职业用语

语言交流是人与人之间、人与群体之间思想与感情传递和反馈的过程，以求思想达成一致和感情的通畅。药店经营日常工作中的沟通，主要是与顾客之间的语言沟通，如何与顾客有效地交谈是一项很重要的职业技能。

作为终端药店的从业人员，如何迅速与顾客建立信息交换并达成一致就显得至关重要，下面结合案例来学习"4S"技巧。

案例：男，56 岁。半年前因突然胃痛、食欲缺乏去医院诊治，诊断为慢性浅表性胃炎。间隔服用奥美拉唑肠溶胶囊、多潘立酮，有一定效果。近半年来未复发，但是最近两天突感胃痛、胃酸加重伴胃灼热、食欲缺乏等症状，去医院做胃镜，诊断为：慢性糜烂性胃炎。医院开了处方，患者未取药，来药店自购。

## 一、掌握分析病情（Situation）

店员：叔叔，您好。请问有什么可以帮到您的？

顾客：是这样的，我这两天胃疼，想买点药。

店员：哦，请问您具体是怎样的一个症状？

顾客：这两天突然胃痛、反酸得厉害。

店员：那您之前有过类似的情况吗？

顾客：半年前去医院看过，说是浅表性胃炎，吃了些药。但这几天突然加重了，去医院做胃镜检查诊断为慢性糜烂性胃炎。你看这病用治疗吗？

店员：当然要治疗了，您想半年前胃痛、反酸、胃灼热等症状不是很明显，现在是不是感觉明显加重了。

顾客：是呀。

店员：半年前您要是科学治疗的话，早就好了，而且见效快，花钱少。但现在成了糜烂性胃炎，还不想治疗，难道您想错过第二次治疗时机吗？

顾客：看来这病必须要治疗了，那你看我吃什么药？

## 二、确定治疗方案（Scheme）

店员：您先别急，具体吃什么药不是关键，关键是根据病情选择用哪一类药品。我想您应该服用过一些药品，原来的药品肯定是有效的但不全面，因为如果配伍对症的话，疾病早就好了。

顾客：哦，那怎样才算是配伍对症呢？

店员：首先消炎药不可少，因为胃酸、胃痛、胃黏膜损伤等病理损害都是因为炎症反复感染引起的。其次光消炎也不行，炎症消了，只能是控制黏膜不会进一步损伤，但对于已经形成损害的胃黏膜，消炎药是没有任何修补作用的。当然，抗胃痛、胃酸的药也要一起配合使用。所以糜烂性胃炎要想治疗效果好的话，需要同时服用消炎、制酸、保护胃黏膜等药品。只有联合用药，治疗才能彻底，不容易复发。

顾客：那具体用哪些药呢？

店员：先别急，问一下您家中还有什么胃药？胃病是慢性病，需要长期服药，我给您推荐药品的时候尽量把家里的药用上，以免造成浪费。

顾客：哦，哈哈！原来是这样，你还真替我着想。以前吃的奥美拉唑好像没了，多潘立酮家里还有半盒。

 知识链接

联 合 用 药

联合用药是指为了达到治疗目的而采用的两种或两种以上药物同时或先后应用。药物在体外发生相互影响称为配伍禁忌，指将药物混合在一起发生的物理或化学反应。药物在体内发生相互影响称为相互作用，主要发生在药动学或药效学的一些环节上。

无论发生在哪个方面，最终的变化只有两种：一是使原来的效应增强称为协同作用，二是使原有的效应减弱，称为拮抗作用。

### 三、推荐药品销售（Selling）

店员：多潘立酮这药不错，它能增强胃动力。家里有半盒，那就再拿一盒吧？

顾客：好的。

店员：奥美拉唑也没有了，是吗？可以再买点，不过量不用太大，因为胃酸的控制相对较为容易。另外，保护胃黏膜的药您有吗？

顾客：没有。

店员：果胶铋这个药在强效保护胃黏膜的同时还可以杀灭幽门螺旋杆菌。十盒一个疗程，这样吧，果胶铋虽好也只是90%多人的有效率，对您也不敢保证绝对有效，您先用上五盒，这是一个小疗程，半个月左右看看效果，效果好的话再继续购买。同时再配两盒阿莫西林吃上两个星期。这样的话前面说的胃动力药、制酸药、消炎药、胃黏膜保护药就都有了，总体效果肯定是比较好的。那就一盒多潘立酮、两盒奥美拉唑肠溶胶囊、两盒阿莫西林胶囊、五盒胶体果胶铋胶囊，现在给您拿上吧？

顾客：行，希望用了以后和你说的一样有效果。

### 四、售后持续跟进（Sustainability）

店员：叔叔，平时在吃药治疗过程中如果不注意饮食，那么我再怎么努力，您再如何服药也是不能治愈的。您一定要按时按量服用，咱们之间好好配合。要不然效果不好，您可要怪我没给您配好药呢。

顾客：好的，我一定照你说的办。

店员：还有一个需要交代的是，您半个月后必须过来一次。因为随着病情的发展变化，您所服用的药品配伍种类、服药剂量及次数肯定是需要变化的，这样做到病变药变。您到时候过来，把情况给我讲一下，咱们看需要变化不。这样科学用药花钱少，见效快，您说呢？

顾客：哈哈，好的。你真是一个出色的店员，半个月后我会再来的，再见。

店员：谢谢叔叔夸奖，我会继续努力的，请慢走，再见。

**练一练**· · · · · · · ·

如果遇到有呼吸系统疾病的患者，该如何运用"4S"技巧与顾客进行有效的语言交流呢？

总之，好的职业用语就是要让顾客感觉你是站在他的角度去考虑问题，为顾客排忧解疑，使顾客信任你，并与你的思想相统一。

# 任务四  沟通技巧实训

## 一、实训地点

药店（或模拟药房）。

## 二、实训目的

（1）通过综合训练使学生的仪容仪表、言谈举止及商业服务更加规范，并养成一定的习惯。

（2）提高学生综合运用各种礼仪的能力。

## 三、实训材料

药店柜台、自选货架、服装及相关药品，学生也可自行准备其他道具。

## 四、实训内容

（1）学生四人一组，利用药店内的各种资源，自行设计场景及对白，模拟一次药品销售过程，要求能体现书本中所学的礼仪规范和沟通技巧。

（2）结合药店服务过程中的礼仪要点提示，对自编剧情进行完善，在教师指导下反复练习，并进行班级展示。

## 五、实训指导

药店服务礼仪要点提示：

（1）当顾客进店时，要将视线迎向顾客，亲切自然地问好（正在接待其他顾客时，应当点头微笑致意），及时迎上前询问顾客有什么需要帮助，切勿不理睬顾客，但也不要咄咄逼人，开口就问"您想买什么？"这往往会把未拿定主意的顾客吓退。

（2）对顾客打招呼、服务时，应使用标准用语。对顾客的称呼通常为"先生""小姐""叔叔""阿姨""小朋友"，如是熟客要注意称呼顾客姓氏。

（3）对表示暂时不需要帮助介绍的顾客，应注意观察，给予其选择空间，但又保持一种随时为顾客服务的状态。

（4）如果顾客对某类药品特别注意时，则要主动上前打招呼，并为购药提供合理的意见。

（5）与顾客对话时宜保持一米左右的距离，保持微笑，并要注意使用礼貌用语，注意"请"字当头，"谢"字不离口，表现出对顾客的尊重。与顾客对话时要全神贯注、用心倾听，眼睛要望着顾客面部，但不要死盯着顾客，不要打断顾客谈话，对顾客的说话要有反应，不要心不在焉，漫不经心，甚至不耐烦。没听清楚的地方要礼貌地请顾客重复一遍。

（6）在为顾客拿取和递送药品时，要注意动作的轻巧，轻拿轻放显示出对顾客的尊重，切忌随意地将商品扔给顾客，这是一种极不礼貌的行为。

（7）在顾客挑选药品时，要保持耐心，细心服务，不要因为对方多次的发问或多次的挑选而不耐烦。对顾客的询问应圆满答复，若遇不知道、不清楚的事情应请店长或专柜负责人等对相关业务熟悉的人尽快答复顾客，绝对不能以不知道、不清楚做答复。回答问题要负责任，不能不懂装懂，模棱两可，胡乱作答。

（8）顾客要求我们帮忙时，我们应从语言及行动上体现出乐意为顾客服务的态度，应说"好的，我马上过来"。如果顾客很多，一时忙不过来，一定要注意对久等的顾客说"对不起，让您久等了"。或者说"请稍等一会儿，我马上过来"。应该照顾好所有的顾客，不要冷落了任何一位，尽可能做到"接待第一个，顾及第二个，招呼第三个。"

（9）当顾客提出某项服务要求而我们一时无法满足时应主动向顾客讲明原因，并向顾客表示歉意，同时要给顾客一个解决问题的建议或主动协助联系解决，要让顾客感到，虽然问题一时无法解决，但却受到了应有的重视，让顾客感受到我们解决问题的诚意。

（10）即使顾客的要求不属于自己的职责范围，也应主动替顾客与有关人员联系，以满足顾客的要求，切不可诸多推托，让顾客辗转多次仍无法解决问题，或者事不关己，高高挂起。

（11）实事求是地介绍商品，尽量帮他们统一意见，选购到满意的商品。

（12）顾客在选购商品时，若损坏了商品，要主动上前礼貌地询问有没有伤到顾客身体，若有伤口则应立即处理伤口，然后对该事情进行妥善处理。

（13）收银员收款时数目要准确，动作要快速，做到唱收唱付，退回余款的同时将电脑小票递送到顾客手里，并说"谢谢"。

（14）顾客离开门店时，不论其买的东西多还是少，或者是否购买，店员或收银员都应热情地说"请慢走"。

（15）交接或者打烊时，如有顾客希望购药，要继续留岗。顾客在挑选商品时，不得有任何催促行为，绝不能说"能不能快点，我们要下班了。"或"请你先结款好吗?"此类的话，应像平时一样耐心为顾客提供服务。

 知识拓展

电 话 礼 仪

1. 应在电话铃响三声之内去接听电话，并亲切清晰地报出自己单位的名称。

2. 标准用语为"您好，××大药房××分店（药店名称）"。

3. 通话过程中请对方等待时应主动致歉"对不起，请您稍等"。

4. 如接到的电话不在自己的工作范围之内，应告知相关的电话或报告上级。

5. 通话完毕后应等待对方先挂断电话，方可挂断。

6. 凡电话询问价格，一般不讲准确数字，如售价104元的商品可回答100元左右，售价32元的商品可回答三十几元，以此类推，零星数字不说，以防同行探查价格。

7. 如顾客打电话进行投诉，应先听完顾客的诉说，再进行解释。先安抚好顾客，态度要温和，避免与顾客争吵；同时应详细记录并及时向上级汇报，并留下顾客电话，约定回复时间，查明原因后按时给顾客答复。

8. 接听私人电话时应长话短说，通话时间不得超过3分钟，顾客在场时不得直接接听私人电话。正在接待顾客时，即使是公司内部打来的公事电话也不能抛下顾客过去接听，应让同事代为回复或记录传达，待顾客购物离开后再回复，如因实际情况确实必须接听电话，则应先安排其他人接手招呼顾客后方可离开。

课 后 练 习

**一、简答题**

1. 根据医药行业职业守则的相关规定，你认为作为一名药店从业人员应该具备哪些基本的职业素养？

2. 除了书本中已学的基础礼仪规范以外，你知道递接物品时应该注意哪些细节吗？

3. 在"4S"沟通技巧中，你认为最重要的是哪一个环节？并说明你的理由。

**二、附加题**

条件允许的话，请将你们组的自编短剧拍成"微电影"和大家分享。

# 模块三　药品验收与保管

为加强药店的药品验收工作，保证药店所经营药品的质量，药店制定药品验收与保管管理制度，设立专职药品验收保管员，对药店中的药品质量进行验收与保管。

## 任务一　药品验收

 活动一　药品验收的内容

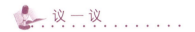 议一议

药品验收的原则有哪些呢？

及时性：药品到货，验收员应于 24 小时内进入现场验收。特殊管理药品、贵细药品、冷藏药品则随到随验。一般情况下，药品到货后应于 3~5 天内验收完。

真实性：需如实填写药品验收单和药品入库验收记录。

全面详细性：对于药品验收单及药品入库验收记录中的所有项目要填写完整。如：单位名称不能写简称；有效期要确定到月份；签名不能只写姓氏等。

明确性：药品验收的结论要明确。验收合格的药品在结论栏中填写"接收"，不合格的药品在结论栏中填写"拒收"。

### 一、包装验收

药品包装指根据药品的需求，采用适合的材料和技术，便于药品的运输、储存、销售而采用的一系列保护药品的工作。包装检查的主要工作是根据送货单或配送单对照实物，核对数量，然后对医药商品的相关证明文件、内外包装、标签、说明书等进行验收。

1. 一般药品的包装验收

（1）外包装验收　（图 3-1、图 3-2）

1）一般项目：外包装是否捆扎牢固、耐压、防潮、防震；包装用的衬垫材料、缓冲材料是否干净、干燥；衬垫物是否紧实；瓶与瓶间是否有空隙、材料填充；有无虫蛀、鼠咬等迹象；封签、封条有无破损。

图 3-1　药品外包装纸箱

图 3-2　药品外包装

2）必查项目：外包装上必须注明的品名、规格、厂名、地址、产品批号、批准文号、注册商标、生产日期、有效期（效期药品）、数量数字等是否清晰齐全。

3）特殊项目：有关特定储运图示标志及危险药品包装标志是否清晰（表 3-1），粘贴拴挂是否牢固。

　知识链接

表 3-1　各种标志及使用说明

| 标志号 | 标志名称 | 标志图形 | 使用说明 |
|:---:|:---:|:---:|:---|
| 1 | 小心轻放 | | 用于需轻拿轻放、碰震易碎的运输包装件 |
| 2 | 向上 | | 用于指示不得倾倒、倒置的运输包装件 |
| 3 | 怕晒 | | 用于怕晒的运输包装件 |
| 4 | 怕雨 | | 用于怕雨的运输包装件 |

| 标志号 | 标志名称 | 标志图形 | 使用说明 |
|---|---|---|---|
| 5 | 禁止滚翻 |  | 用于不得滚动搬运的运输包装件 |
| 6 | 温度极限 | 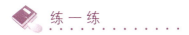 | 用于指示需要控制温度的运输包装件 |

（2）内包装验收　内包装是直接接触药品的容器，它对药品质量产生重要影响。

1）一般项目：内包装应无毒、洁净、干燥，无裂痕、破损，样式端正、统一。无论何种内包装应严密、合格，不得渗漏、泄漏、盖塞松动、脱落。

2）必查项目：内包装不能与药品发生化学反应，不能影响药品的质量。如：油性药物不能用塑料包装，否则油脂会溶解塑料中的成分。需遮光的药品应采用棕色容器或以黑纸包裹的无色容器或其他不透光的容器。

包装印字应清晰，品名规格、批号等不得缺项。标签应粘贴端正、适中、牢固。

3）特殊项目：包装外面不应留有药物痕迹、粘贴剂或油墨等污迹。包装上必须要有特定标识，如中成药标识等。

📖 练一练 · · · · · · · · · · · · · ·

请找一找下列药品的专有标识：
非处方药、外用药、毒性药品、麻醉药品。

（3）核对标签和说明书　核对标签所示的品名、规格、厂名、批准文号、批号、主要成分含量或主要中药名、装量、注册商标、适应证或功能与主治、用法、用量、禁忌、有效期、储藏条件等。药品最小单位包装标签上必须注明品名、规格、厂名、产品批号、分装单位、分装批号和责任者。说明书除应有标签所要求的内容外，还应包括：主要成分（中成药）、必要图示、不良反应、注意事项。

📖 练一练 · · · · · · · · · · · · · ·

请检查下列说明书是否符合要求。

2. 医疗器械包装（图 3-3）的验收

（1）检验合格证、品名、型号、规格、检验日期、检验员代号、制造厂名称等。

（2）使用说明书　包含品名、型号、规格、重量、外形尺寸、制造厂名称和地址、产品标准代号、有关技术参数和性能、工作原理、电路图、结构特征、使用范围、注意事项、安装、维护、保养方法、计量及检定期限、使用保证期限、储存及工作环境、注意事项等。相应国家标准代号或许可证编号、认证标志。

（3）外包装品名、型号、规格、数量、体积；储运图示标志、生产日期、制造厂商名称和地址；产品标准代号、许可证标志和编号、产品鉴定批准号。

3. 中药材和中药饮片包装的验收

每件包装上，中药材标明品名、产地、供货单位；中药饮片标明品名、生产企业、生产日期等（图 3-4）。实施批准文号管理的中药材和中药饮片，在包装上还应标明批准文号，并附有质量合格的标志。

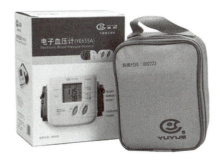

图 3-3　医疗器械包装

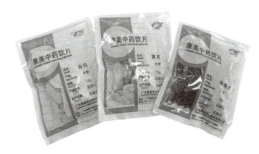

图 3-4　中药饮片的包装

## 二、不同剂型的外观检查

验收员根据相关药品质量标准或说明书规定的性状，结合自己的业务知识，通过眼看、手摸、鼻闻来检验药品的形状、颜色等外观、性状、质量。

1. 片剂

（1）外观检查　主要检查色泽、异物、斑点、麻面、吸潮、粘连、发霉、结晶析出、边缘不整、松片、装量等；含脏器、蛋白质、生药类的药物还需检查虫蛀、异臭等现象；包衣片需检查瘪片、龟裂、爆裂、脱壳、掉皮、膨胀、片芯变色、变软等。

图 3-5　口服液

（2）检查方法　取检品 100 片，平铺于白纸或白瓷盘上，距 25 厘米自然光亮处检视半分钟，压制片只看一面，包衣片还需将盘倾斜，使包衣侧立，以检查边缘。

2. 口服液体（图 3-5）制剂

（1）外观检查　主要检查色泽、浑浊沉淀、结晶析出，异味、异臭、霉变、酸败、杂质异物、渗漏等。

（2）检查方法　取 10 瓶在自然光亮处，采用直立、横、倒立三步法检视，必要时开启瓶塞检查。

3. 胶囊剂（图 3-6、图 3-7）

图 3-6　硬胶囊剂

图 3-7　软胶囊剂

（1）外观检查　主要检查色泽、漏油、破裂、变形、粘连、异臭、生虫、霉变等。软胶囊还应检查有无气泡及畸形丸。

（2）检查方法　取胶囊100粒，平铺于白纸或白瓷盘上，距25厘米自然光亮处检视半分钟。

4. 滴丸剂（图3-8~图3-10）

（1）外观检查　主要检查色泽、吸潮、粘连、异臭、霉变、畸形丸等。

（2）检查方法　取检品100粒，平铺于白纸或白瓷盘上，距25厘米自然光亮处检视半分钟。

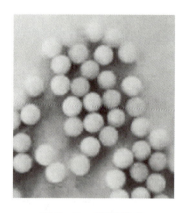
图3-8　普通滴丸

图3-9　大滴丸

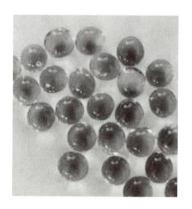
图3-10　双层滴丸

5. 散剂

（1）外观检查　主要检查色泽、异臭、潮解、风化、霉变、虫蛀等以及是否破漏、纸袋是否湿润出现印迹等。

（2）检查方法　取供试品适量，置光滑纸上，平铺约5 cm²，将其表面压平，在亮处观察色泽等现象；袋装散剂用手摸，瓶装散剂上下翻转查看；拆开封口后，用手扇动空气闻其气味；纸袋或塑料袋包装取样品10袋，将药袋放平，用两手指横敲三下，不得有药粉喷出。

6. 颗粒剂

（1）外观检查　主要检查色泽、气味、吸潮、软化、结块、颗粒均匀度、漏药等现象。

（2）检查方法　取5瓶（块）样品，分别取适量置光滑纸上，距30厘米自然光处检视半分钟。

7. 注射剂（图3-11）

（1）外观检查　水针剂、混悬针剂主要检查色泽、结晶析出、浑浊沉淀、长霉、澄明度、装量、冷爆、裂瓶、封口漏气、瓶盖松动及安瓿印字等；粉针剂主要检查色泽、粘瓶、吸潮、结块、溶化、黑点、异物、溶解后的澄明度、装量、焦头、冷爆、封口漏气、裂瓶等；油针剂主要检查色泽、浑浊、异臭、酸败、霉变、澄明度、装量、焦头、冷爆、封口漏气、裂瓶等；冻干型粉针剂主要检查色泽、粘瓶、萎缩、溶化等。

（2）检查方法　水针剂、混悬针剂每批取检品100支或大输液20瓶（袋）或粉针剂4瓶置自然光亮处检视。

图 3-11 注射剂

8. 糖浆剂

（1）外观检查 主要检查澄清度、浑浊、沉淀、结晶析出、异物、异臭、发酵、产气、酸败、霉变、渗漏等。

（2）检查方法 取检品 10 瓶，在自然光亮处采用直立、倒立、平视三步法旋转检视。

9. 酊剂

（1）外观检查 主要检查色泽、澄清度、异物、渗漏等。

（2）检查方法 取检品 10 瓶，在自然光亮处采用直立、倒立、平视三步法旋转检视。

10. 软膏剂

（1）外观检查 主要检查色泽、细腻度、黏稠性、异物、异臭、酸败、霉变等。

（2）检查方法 取检品 20 支置于自然光亮处检视。

## 三、内在质量验收

1. 片剂、胶囊剂

重量差异及装量差异检查、崩解时限检查、溶出度检查、卫生学限度检查、含量测定等项目。

2. 注射剂

装量差异检查、澄明度检查、不溶性微粒检查、无菌检查、热源检查、含量测定等项目。

3. 软膏、栓剂

装量差异检查、卫生学限度检查、含量测定等项目。

练一练 · · · · · · · · · · · ·

请列举验收"黄连素"这个药物内在质量优劣的检查项目。

 活动二　药品验收的程序

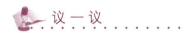 议一议........

是不是每件药品都需要检验呢？

药品的验收一般不需要对每件药品进行检验，只需要对每批次的药品进行抽样检验，但是药品抽样需保证药品抽检质量的均匀性、代表性，能真实反映该批号药品的质量状况。贵重中药材及特殊管理的药品需逐件检验。

### 一、抽样方法

1. 一般药品的抽样方法

每批药品在 50 件以下（含 50 件）抽样 2 件，50 件以上每增加 50 件多抽 1 件，不足 50 件以 50 件计；凡需进行药品外观、性状检查时，检查样品的具体数量（支、瓶、片或粒等）应符合《中华人民共和国药典》关于检验抽样数量的要求。

2. 中药材的抽样方法

药材总件数在 100 件以下的，取样 5 件；100~1 000 件，按 5%取样；超过 1 000 件的，超过部分按 1%取样；不足 5 件的，逐件取样；贵重药材，不论件数多少均逐件取样。

3. 特殊管理药品的验收

对特殊管理药品必须有两位验收员在场进行验收，并验收至每一最小包装。

4. 抽取最小包装

（1）在每件整包装中从上、中、下不同部位抽取 3 个以上小包装进行检查。

（2）发现质量异常时，加倍取样。

（3）20 毫升以下的注射剂应不少于 200 支，片剂、胶囊等抽样 100 片（粒），50 毫升或 50 毫升以上抽样 20 支（瓶），酊剂、水剂、糖浆剂等分别为 10 瓶，气雾剂、膏剂、栓剂分别为 20 瓶（支、粒），散剂 3 袋（瓶）、颗粒剂 5 袋（块）。

5. 零散药品验收

零散药品，少于 10 盒（瓶、袋）的按实数验收；10～100 盒（瓶、袋）的按 10% 予以验收。

## 二、药品验收的程序

1. 药品验收的流程图

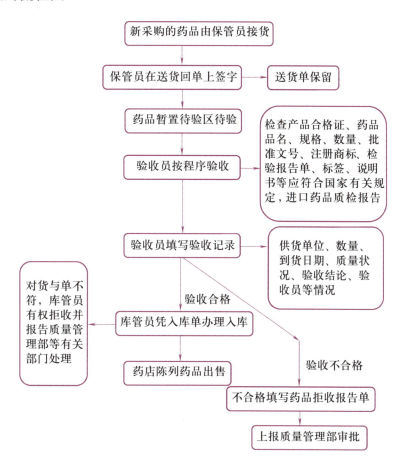

2. 注意事项

（1）验收员应随货同行并填写购进记录，对到货药品进行逐批验收。

（2）验收药品应在待验区内进行，在规定的时限内及时验收。一般药品应在到货后半个工作日内验收完毕，需冷藏药品应在到货后 2 个小时内验收完毕。

（3）验收时应根据《中国药典》（现行版）及有关法律、法规规定，对药品的包装、标签、说明书以及有关证明文件进行逐一检查。

1）药品包装的标签和所附说明书上应有生产企业的名称、地址，并有药品的通用名称、批准文号、产品批号、规格、生产日期、有效期等。药品的品名、规格、批号、生产厂家或数量与"随货同行单"不符时，验收员要在"随货同行单"上注明并记录，并通知供货方。

经供货方核实确认后，予以更正。

2）整件药品包装中应有产品合格证。

（4）验收药品应按规定进行抽样检查，验收抽取的样品应具有代表性。对验收抽取的整件药品，验收完成后应加贴明显的验收抽样标记，进行复原封箱。

（5）验收药品时应检查有效期，一般情况下有效期不足 6 个月的药品不得入库。

（6）验收员做好《药品购进质量验收记录》并签名，盖验收合格章，注明验收日期。记录内容包括供货单位、数量、到货日期、品名、剂型、规格、批准文号、批号、生产厂商、有效期、质量状况、验收结论和验收人员等项目。按月归档，集中存放，按规定保存至超过药品有效期 1 年，但不得少于 2 年。

（7）验收中发现有质量问题的药品，验收员应及时填写《药品拒收报告单》，报质量管理员，并退回供货商。

（8）验收员对售出退回药品进行验收时应按规定填写《售后退货处理记录》，并将记录保存至超过药品有效期 1 年，但不得少于 2 年。

 知识链接

《药品管理法》第十七条明确规定：药品经营企业购进药品，必须建立并执行进货检查验收制度，验明药品合格证明和其他标志；不符合规定要求的，不得购进。

## 活动三　不合格药品的处理

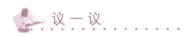 议一议

什么是不合格药品？不合格药品如何确认？

不合格药品是指包装、外观质量、内在质量不合格的药品。有以下五种情形之一的药品，均可以确认为不合格药品。

（1）国家、省、市各级药品监督管理部门发布的通知或质量公报的不合格药品。

（2）符合《中国药典》及《药品管理法》中有关假劣药的定义。

（3）各级药品监督管理部门抽查检验不合格的药品。

（4）质量验收、保管养护和销售过程中发现的外观、包装、标识不符、包装污染、破碎及超过有效期的药品，并报质量管理员确认为不合格的药品。

（5）生产厂商、供货单位来函通知的不合格药品。

练一练

请检查自家的药箱，看看有无不合格药品。

### 一、不合格药品的处理

1. 验收购进药品时发现不合格药品的处理

（1）验收员在对购进药品验收时发现不合格药品，应予以拒收并填写《药品拒收报告单》。

（2）验收员在购进药品验收中发现假劣药品，立即就地封存，填写《药品质量问题报告表》报质管员。质管员接到报告后，应及时调查取证，了解药品来源等详细情况，并在24小时内将所了解的情况以书面形式上报质量管理部门，情节严重者上报当地食品药品监督管理局，等候处理。

2. 药品储存、养护过程中发现或怀疑不合格药品的处理

（1）过期或包装破损的不合格药品，经养护员、质管员确认后，撤离货架，由仓管员将药品转入不合格药品区。

（2）其他情形的不合格药品，由库管员通知仓管员暂停发货，并悬挂"待处理"标牌。养护员填写《药品质量问题报告表》与药品一起交质管员确认。质管员确认为不合格药品的，在《药品质量问题报告表》上填写确认结果与处理意见，仓管员接到质管部的确认报告后，将药品转入不合格品区。质管员确认为合格药品的，在《药品质量问题报告表》上填写确认结果，通知仓管员恢复发货。质管员无法确认的，送当地药检所检验，并根据检验结果做相应的处理。

3. 陈列销售过程中发现或怀疑不合格药品的处理

（1）营业员发现不合格药品，立即将药品撤离货架，放置在待验区。营业员填写《药品质量问题报告表》报质管员。

（2）质管员确认为不合格药品的，在《药品质量问题报告表》上填写确认结果与处理意见。

（3）质管员确认为合格药品的，在《药品质量问题报告表》上填写确认结果，通知门店恢复销售。

（4）质管部不能确认的，送当地药检所检验，并根据检验结果做相应的处理。

4. 售后退货药品验收为不合格药品的处理

顾客退回门店的药品经检验确认为不合格品的，存放在不合格品区。

### 二、不合格药品的报损与销毁

（1）每季度末，质管员组织不合格药品的统一报损，填写《拟报损药品审批表》，附《报损药品清单》，报质量管理部确认和审核，报药店经理批准。

（2）不合格药品属外包装破损等，由业务部联系供货方退货。

（3）所有已审批同意报损的不合格药品，由仓管员填写《药品销毁监督记录》，在质管员的现场监督下，将不合格药品送特定垃圾场填埋销毁，双方在《药品销毁监督单》上签名。

### 三、不合格药品的上报

（1）发现或怀疑为不合格药品的，质管员应及时填写《不合格药品报告》，报送质量管理部处理；库管员做好《不合格药品台账》，按季上报质量管理部。

（2）每次不合格药品报损后，质管员要对不合格药品处理情况进行一次综合分析，提出改进意见，进一步加强药品质量管理。质量管理部对全公司不合格药品情况每半年进行汇总一次，填写《不合格药品处理情况汇总分析》，上报质量部副总经理及总经理。

（3）有关不合格药品处理的记录应保存五年。

# 任务二  药 品 保 管

 活动一   药品保管的影响因素

 议一议

影响药品保管的因素有哪些？

### 一、环境因素

在保管药品的过程中，影响药品质量的环境因素很多，如日光、空气、湿度、温度、时间及微生物等。上述因素对药品的影响常常不是单独进行的，而是互相促进、互相影响而加速药品变质的。

1. 温度

（1）温度过高　温度升高可加速药品发生氧化、分解、水解等反应，造成药品变质；促使含挥发性成分的药品加速挥发；易使糖衣片、胶囊剂、栓剂熔化粘连变形，软膏剂熔化分层等。如青霉素加水溶解后，在250 ℃放置24 h，即大部分失效。

（2）温度过低　温度过低能使一些药品产生沉淀、冻结、凝固、聚合等而变质失效。如葡萄糖酸钙注射液久置冷处易析出结晶。温度过低还能使容器破裂，造成微生物侵入药品而被污染。如甘油零度以下久置能凝结成晶块，使容器破裂。温度过低，使药物聚合速度增加。如甲醛溶液低温时极易聚合。

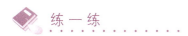

练一练

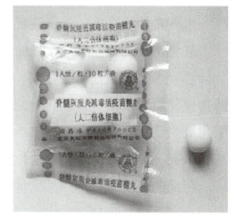

脊髓灰质炎疫苗如何保存？温度对其有何影响？

2. 湿度

湿度增大能使药品吸湿而发生潮解、稀释、分解、发霉、变形甚至产生毒性，湿度太小又促使药品风化。如干酵母在湿度过大时易吸湿潮解；磷酸可待因湿度太小易风化。

（1）风化　风化是指含有结晶水的药物，常因露置在干燥的空气中，失去所含结晶水的一部分或全部，以致本身变成结晶体或粉末。风化后的药品，化学性质一般未改变，但在使用时剂量难以掌握。特别是剧毒药品，可能因超过用量而造成事故。易风化的药品有硫酸阿托品、磷酸可待因、硫酸镁、硫酸钠及明矾等。

（2）吸湿　吸湿是指药品在湿度较高的情况下，能吸收水蒸气，其结果使药品稀释、潮解、变形、发霉等。易吸湿的药品有胃蛋白酶、甘油等。

3. 空气

（1）暴露在空气中的药品常易受氧气的作用，发生氧化反应，导致药品变色、异臭、分解、变质失效等现象。如含碘化物的药品易被空气中的氧气氧化。

（2）某些药品与二氧化碳结合，造成失效。如氨茶碱可吸收二氧化碳，析出茶碱而不溶于水。

（3）某些药物露置空气中，使药物本身吸附力降低而影响药效。如药用炭。

### 4. 光

光线照射药品发生化学反应主要是因紫外线的作用，能直接引起或促进药品氧化、变色、分解等现象。很多情况下，光和其他因素共同起作用，影响药品质量。如维生素 A、维生素 D 等是在光、氧共同作用下被氧化而失效。

### 5. 时间

有些药品因其性质或效价不稳定，尽管贮存条件适宜，时间过久也会逐渐变质、失效，从而影响药品的生物利用度。如肠溶阿司匹林片储存三年后，在体内的释放度就达不到有效的血药浓度，起不到应有的治疗作用。

### 6. 微生物和昆虫

微生物和昆虫易混入药品中，引起药品发霉、酸败、虫蛀等，不能再供药用。

## 二、药品的内部因素

水解是药物降解的主要途径，属于这类降解药物的主要有酯类、酰胺类。

氧化也是药物变质最常见的反应。氧化过程一般都比较复杂，有时一个药物，氧化、光化分解、水解等过程同时存在。许多具有酚类、烯醇类、芳胺类、吡唑酮类、噻嗪类结构的药物较易氧化。而药物氧化后，不仅效价降低，而且可能产生颜色或沉淀。有些药物即使被氧化极少量，亦会色泽变深或产生不良气味，严重影响药品的质量。易氧化的药物要特别注意光、氧、金属离子对它们的影响，以保证产品质量。

药品的包装材料对药品质量也有较大的影响。

 知识链接

### 常用药物剂型易发生的变质现象

散剂、颗粒剂　易发生吸潮、变色、霉变、虫蛀、异臭、异味、挥发、分层、微生物污染等变质现象。

片剂、丸剂　易发生裂片、松片、崩解迟缓、龟裂、脱壳、变色、析出结晶、粘连溶化、染菌、发霉、虫蛀、毛边、飞边、麻面、斑点、花斑、暗影、溶出超限、片重差异超限等变质现象。

胶囊剂　易发生漏粉、漏油、粘连变形、霉变生虫等现象。

注射剂　易发生变色、生霉、析出结晶或沉淀、产生白点或白块、冻结、结块、萎缩等变质现象。

液体制剂　易发生发霉、沉淀、变色、冻结等变质现象。

油剂　易发生植物油的酸败和风化、挥发油的挥发、氧化变质等变质现象。

软膏剂　易发生酸败、流油、发硬、分离、生霉、变色等变质现象。

### 三、人为因素

药学人员的素质对药品质量的优劣起着关键性的影响。

1. 专业的人员配备

药店应设立库管员、质管员、养护员岗位以保证药品质量，并且配备药学专业相关技能的人员担任此岗位。

2. 完善的药品质量监管制度

药品质量监督管理情况如药品质量监督管理规章制度建立、实施及监督管理状况等，都会影响到药品的妥善保管。

3. 人员的专业素养

人员的专业素养对药品保管的影响主要体现在药学人员药品保管养护技能以及对药品质量的重视程度、责任心的强弱，身体条件、精神状态的好坏等这几个方面。

 **活动二　药品保管方法**

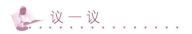 **议一议**

硝酸甘油片该如何保管？

### 一、不同性质药品的保管方法

1. 易受光线影响而变质的药品保管方法

（1）凡遇光易引起变质、氧化、分解的药品，如过氧化氢等，为避免光线对药品的影响，可采用棕色瓶或用黑色纸包裹的玻璃瓶包装，以防止光线的透入。尽量采用小包装。

（2）需要避光保存的药品，应放在阴凉干燥、光线不易直射到的地方。门、窗可悬挂遮光用的黑布帘，以防阳光照入。

（3）不常用的怕光药品，可贮存于严密的药箱内。存放药品的药橱或药架应以不透光的布帘遮蔽。

易受光线影响的常用药品

生物制品：肝素、核糖核酸、抑肽酶注射剂等。

维生素类：复方水溶性维生素、赖氨酸、谷氨酸钠等。

平喘药：氨茶碱及茶碱制剂。

肾上腺皮质激素：氢可、醋酸可的松、地米注射液等。

抗结核药：对氨基水杨酸钠、异烟肼片及注射剂、利福平片。

止血药：酚磺乙胺、肾上腺色踪注射液。

抗休克药：多巴胺、肾上腺素、硝酸甘油、硝普钠注射液等。

利尿药：布美他尼片剂及注射剂、呋喃米、氢氯噻嗪片。

镇痛药：哌替啶、复方氨基比林片剂及注射剂、布洛芬胶囊。

外用消毒防腐药：过氧化氢溶液、依沙吖啶溶液、呋喃西林溶液、聚维酮碘溶液（碘附）、磺胺嘧啶银乳膏等。

滴眼剂：水杨酸毒扁豆碱、毛果芸香碱、利巴韦林、硫酸阿托品、丁卡因、利福平等。

**2. 易受湿度影响而变质的药品保管方法**

（1）对易吸湿的药品，可用软木塞塞紧、蜡封、外加螺旋盖盖紧。对易挥发的药品，应密封，置于阴凉干燥处。

（2）控制仓库内的湿度，以保持相对湿度在 70% 左右为宜，可辅用吸湿剂如石灰、木炭或可用排风扇或通风器。除上述防潮设备外，仓库应根据天气条件，分别采取相关措施。在晴朗干燥的天气，可打开门窗，加强自然通风；当下雾、下雨或室外湿度高于室内时，应紧闭门窗，以防室外潮气侵入。尤其在梅雨季节，更要采取有效的防霉措施。

（3）对少量易受潮药品，可采用石灰干燥器贮存。用木箱瓦缸等容器装入块状石灰，占 1/4 容量左右，石灰层上面存放药品，待石灰吸湿成粉状后，应及时换掉。

不能受潮的常用药品

维生素：维生素 $B_1$ 片、维生素 $B_6$ 片、维生素 C 片及泡腾片、复合维生素 B 片、鱼肝油丸、复方氨基酸片或胶囊、多种维生素和微量元素片。

助消化药：胰酶片、淀粉酶片、胃蛋白酶片及散剂、含糖胃蛋白酶散、多酶片、干酵母、硫糖铝片。

抗贫血药：硫酸亚铁片、乳酸亚铁片、葡萄糖酸亚铁片、多糖铁丸、富马酸亚铁片。

电解质及微量元素：氯化钾片、氯化铵片、碘化钾片、复方碳酸钙片（钙尔奇D）、碳酸氢钠片。

镇咳平喘药：复方甘草片、福尔可定片、异丙肾上腺素片、氨茶碱片、多索茶碱片。

解热镇痛药：阿司匹林片、卡巴匹林钙散。

镇静及抗癫痫药：溴化钾片、苯妥英钠片。

消毒防腐药：含碘喉片、西地碘含片（华素片）、氯己定片。

肠内营养素：要素膳、爱伦多、安素。

含水溶性基质的栓剂：甘油栓、克霉唑栓、氯己定栓。

3. 易受温度影响而变质的药品保管方法

一般药品贮存于室温（1~30℃）即可。如指明"阴凉处"是指储藏温度不超过20℃，冷处是指2~10℃。

（1）对怕高温的药品，可根据其不同性质要求，分别存放于"阴凉处"或"冷处"。常用的电冰箱可调节至2~10℃，如无冰箱，可根据具体条件，因地制宜，存放于水井、地窖（对防潮药品还须注意密封，或用一口大缸埋于地下温度较低处）。有条件者，也可采用加冰的土冰箱，盛冰容器应置放于顶部，药品放于底部，以便冷热空气对流，提高降温效果。对少量怕高温药品短期贮存，则可采用冰瓶。

（2）对成分易挥发的药品，如浓氨溶液等，在温度高时容器内压力大，不应剧烈震动。开启前应充分降温，以免药液冲出（尤其是氨溶液）造成伤害事故。

（3）对易冻和怕冻的药品，必须保温贮藏。

对于这类药品可采取以下保温措施：

1）保温箱：可就地取材，用严密木箱，内放瓦楞木箱，两层之间填充木屑或木箱内贴油毛毡，内放三合板箱。两层之间填充稻壳，盖双层盖。另外也可用棉花作为保温材料。

2）可利用地窖、坑道、天然山洞等贮藏药品，其特点为冬暖夏凉。

3）有条件的地方，可建立保暖库。

知识链接

不宜冷冻的常用药品

| 胰岛素制剂 | 胰岛素、胰岛素笔芯（诺和灵、优泌乐）、重组人胰岛素 |
|---|---|
| 人血液制品 | 人血白蛋白、胎盘球蛋白、人血球蛋白、人血丙种球蛋白、乙型肝炎免疫球蛋白 |

续表

| 静脉大输液 | 脂肪乳（能、英特利匹特、力基）、甘露醇、氨基酸注射液、羟乙基淀粉氯化钠注射液 |
|---|---|
| 局部麻醉药 | 罗哌卡因（耐乐品）、丙泊酚 |
| 外用消毒防腐药 | 甲醛（福尔马林） |

### 二、中药的保管方法

中药材及其制剂大都含有淀粉、脂肪、糖（或糖类）、蛋白质、氨基酸、有机酸、纤维素、鞣质、维生素类、无机元素等多种成分。其中营养成分俱全，若温度和水分适宜的情况下极易滋生昆虫或细菌，发生虫蛀、霉变、变色、泛油等变质现象。因中药含糖、淀粉、脂肪等有机物质，极易招致鼠害。因此，中药库必须加有防鼠设备。

1. 中药材（图 3-12、图 3-13）的保管方法

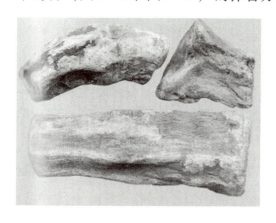 

图 3-12　大黄原药材　　　　　　　　　图 3-13　大黄饮片

为使中药材的外部形态和有效成分在贮存期间尽量不起变化，必须掌握各种中药材的性能，摸清各种变化规律，采取合理的保管措施，其中以防止霉变及防治虫蛀两项最为重要。贮存中药材应有单独库房并距中药房较近，可按植物类、动物类、金石类、成药类、贵重类（"细料"）分类贮存。每大类中存放依次按照常用与不常用而定。中药防止霉变和防治虫蛀的方法有：

（1）控制水分含量

1）晒干法：利用太阳光能将药材干燥，减少水含量，又能杀灭微生物。但该法不适用于含挥发性成分的中药。方法是先将场地晒热，放席子于上午 9 时至下午 4 时并经常翻动。夏季温度于 $45\sim50℃$（场地温度）能灭霉灭虫。

2）烘干法：一般中药材烘干的温度为 $50\sim60℃$，不宜晒干的药材烘干温度为 $20\sim30℃$。

3）阴干法：凡含挥发性成分或其他原因不宜日晒的药材，应将药材置背光阴凉通风处

晾干。

4）石灰干燥法：遇光或热易变质的贵重药材，用石灰箱或缸等干燥，石灰占空间的1/6~1/5即可，石灰失效应及时更换。

（2）建立标准库房 应严格控制储存场所的温度、湿度、避免日光和空气的影响，使细菌、真菌不易生长繁殖。易发霉的中药材应选择阴凉干燥通风的库房，垛堆应离地用木条垫高，垛底垫入芦席或油毛毡等隔潮。地面上铺放生石灰、炉灰或木炭、干锯末等防潮剂，使药材保持干燥，以防止霉变。药材进库前，应把库房内彻底清理干净，以杜绝虫源，必要时在药材进库前，可用适量的杀虫剂对四壁、地板、垫木以及一切缝隙进行喷洒，以防虫蛀。

（3）对抗法储存中药材 少量中药材的贮存一般用大干燥器、大塑料袋（外包纸或木箱）、缸等，用石灰或硅胶为干燥剂，或用干砂子埋藏法，如党参、怀牛膝、板蓝根、山药等。有腥味肉性动物药材，如乌梢蛇、蕲蛇、海龙、海马等用花椒或大蒜防虫法。或用酒精防虫法，于大缸底放一开口瓶盛酒精，上码药材如瓜蒌、枸杞子等，用2~3层塑料布扎紧，利用酒精蒸汽而杀死虫卵与成虫。一般 50 kg 药材可用浓度95%酒精 0.5~1 kg。

2. 中成药的保管方法

（1）药酒能防腐、杀菌和防虫，但应避光贮存。

（2）露剂如金银花露，为防止挥发性成分损失，应用小品瓶严封。中药糖浆因含糖（约35%），为防止霉变，制剂中需加稀甘油或乙醇或防腐剂，并密封避光贮存。

（3）蜡壳丸可贮存 3~4 年，但应置阴凉处。蜜丸、水丸，则含水较多，易吸湿霉变，应密闭置阴凉处，还要经常检查。糊丸因其制造时易烘干，故购入后严格防潮、避光阴凉贮存，仍可久放。

（4）颗粒剂、散剂、冲剂、茶剂质地疏松，在潮湿环境中极易潮解、结块，尤其是泡腾型颗粒剂，贮存时应避免受潮。

（5）膏药如狗皮膏、拔毒膏，多含挥发性成分，贮存过久或过热，不仅成分挥发，还能减低黏度或药层脱落，应置塑料袋于阴凉处贮存。

（6）浸膏剂含有大量糖类、蛋白质等成分，特别是干浸膏有强吸水性和被空气的自动氧化，因此贮存不当很易霉变、酸败。此类中成药一般应密闭贮于阴凉干燥处，如十全大补膏、益母草膏、枇杷膏等。

### 三、特殊药品的保管

| 麻醉药品、一类精神药品 | 二类精神药品 | 医疗用毒性药品 | 放射性药品 |
|---|---|---|---|
| 专库（专柜）双人双锁、专用账目、专人登记、定期盘点、双人签字入库 | 可储存于普通的药品库内 | 专用仓库、专柜加锁、专人保管 | 双人双锁保管、专库（专柜）专用账目 |

活动三  药店防火防盗

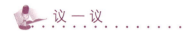 议一议 . . . . . . . .

请列举身边药店的安全隐患有哪些？如果你是那家药店的店长，该如何防范这些隐患并采取哪些措施加以改进？

在药店的管理工作中，安全是不可忽视的重要管理内容。无论是店长还是店员，都要把安全工作放在药店运营的第一位，只有保证了人员安全、商品安全和药店的资金等各项财产的安全，才能保证药店经营目标的圆满完成。在药店的安全工作中，以防火防盗两项工作最为重要。

### 一、防火

1. 火灾的起因

（1）违章用火  在药店或库房内使用炉火、吸烟、做饭、使用电气焊等。

（2）违章用电  电路老化、违章安装用电设备。

（3）违章堆放、自燃  商品堆放不留灯距，堆垛过大、没有间距、堆放时间过长或遇潮湿、高温、通风不良。药品遇热或蓄热引起燃烧或自燃。

（4）违章作业  码垛机等故障起火。

（5）雷击或静电  缺乏防雷及导除静电措施。

（6）纵火  外人蓄意纵火。

2. 建立消防安全管理制度

（1）学习培训制度

1）每年以开展消防知识宣传栏、开展知识竞赛、手抄报等多种形式，提高全体员工的消防安全意识。

2）定期组织员工学习消防法规和各项规章制度，做到依法治火。

3）针对岗位特点进行消防安全教育培训。

4）对消防设施维护保养和使用人员应进行实地演示和培训。

5）对新员工及员工换岗后进行岗前消防培训，经考试合格后方可上岗。

（2）防火巡查、检查制度

1）落实逐级消防安全责任制和岗位消防安全责任制，落实巡查检查制度。

2）相关管理职能部门每日对药店进行防火巡查并将检查情况及时通知受检部门。每月部门对药店进行一次防火检查并复查、追踪、改善。

3）检查中发现火灾隐患，检查人员应填写防火检查记录，并按照规定，要求有关人员在记录单上签名。对检查中发现的火灾隐患未按规定时间及时整改的，根据奖惩制度给予处罚。

（3）安全疏散设施管理制度

1）药店应保持疏散通道、安全出口畅通，严禁占用疏散通道，严禁在安全出口或疏散通道上堆放影响疏散的障碍物。

2）应按规范设置符合国家规定的消防安全疏散指示标志和应急照明设施。并且在药店中配灭火器、消防扳手等消防器材。

3）应保证防火门、消防安全疏散指示标志、应急照明、机械排烟送风、火灾事故广播、监控设备等设施处于正常工作状态，并定期组织检查、测试、维护和保养。

4）严禁在营业或工作期间将安全出口上锁。

（4）用火、用电安全管理制度

1）严禁随意拉设电线，严禁超负荷用电。禁止私用电热棒、电炉等大功率电器。

2）电气线路、设备安装应由专业电工负责。

3）各部门下班后，该关闭的电源应予以关闭。

4）严格执行动火审批制度，确需动火作业时，作业单位应按规定向相关管理部门申请。动火作业前应清除动火点附近5米区域范围内的易燃易爆危险物品或作适当的安全隔离，并向保卫部借取适当种类、数量的灭火器材随时备用。

（5）消防安全疏散预案制度

1）制定符合本药店实际情况的消防安全疏散预案。

2）组织全员学习和熟悉灭火和应急疏散预案。

3）每次组织预案演练前召开动员会议，明确分工。

4）应按制定的预案，至少每半年进行一次演练。

5）演练结束后应召开讲评会，认真总结预案演练的情况，发现不足之处应及时修改和完善预案。

3. 火灾的处理

（1）轻度火灾　轻度火灾发生后，发现人员立即向药店经理报告，并利用就近的消防设施迅速扑灭火势。

（2）重大火灾　重大火灾发生后，应在第一时间拨打火警电话并告知药店经理；通过广播通知，按平时消防演习的程序行动；切断电源；疏散工作人员在店内不同位置疏通安全通道，指挥店内顾客迅速离开现场；向消防人员介绍店内情况，在消防人员的许可下协助灭火、救人、救物。

**4. 灾后处理**

火灾发生后，及时在指定地点清点人数，若出现顾客或店员受伤及时送至医院。如果有必要，及时向公安部门报案。对于火灾中导致的损失进行清点、编列清单，及时向上级部门提出报告。分析火灾原因，提出整改意见。

## 二、防盗

现在越来越多的药店采取了开架自选的方式销售，药品体积小质量轻，因此商品的防范更应该引起重视，特别是部分偷盗者有可能是本药店的员工。

**1. 内部员工偷盗的防范与处理**

药店店长应制定内部举报制度等相关规章制度严处内部盗窃行为。诚实的良好品德是从事服务行业最重要、最基本的道德要求。内盗事件一般通过调查取证、确定当事人、谈话记录、处罚处理四个步骤进行处理。药店有权利通过合法途径追回被盗的药品，实行加倍赔偿，同时解雇该员工，情节严重或金额巨大的移交司法机关处理。所有内盗事件在处理后及时内部曝光，以起到警示作用。

**2. 顾客偷盗的防范与处理**

（1）顾客偷盗的常用手段

1）顾客利用衣服、提包等藏匿药品、保健品等，不付账带出药店。

2）顾客更换药品、保健品等商品的包装，用低价购买高价的商品。

3）顾客在大包装药品、保健品等商品中，藏匿其他小包装的商品。

4）顾客在未付账或未经店员同意的情况下自行使用药品、保健品等。

5）顾客撕毁药品、保健品等商品标签或更换标签，达到少付款的目的。

6）顾客与店员相互勾结，进行盗窃活动。

7）盗窃团伙的集体盗窃活动。

（2）顾客盗窃的处理

顾客盗窃事件的处理一般通过发现可疑对象、秘密跟踪、是否结账、是否出店门口、抓住盗窃者、谈话对证、偷窃处理几个程序进行处理。对于情节较轻、金额少或未成年盗窃者，一般采用严厉教育、记录在档、等价买回盗窃商品等方法进行处理。对于情节严重、金额大、惯偷等情况可移交司法机关处理。

# 任务三　正确验收药品和保管实训

## 一、实训地点

药店（或模拟药房）。

二、实训目的

（1）能正确验收常用药品。

（2）能正确进行日常药品的保管工作。

三、实训材料

1. 药品

（1）内服药

1）非处方药：蛇胆川贝枇杷膏、京都念慈庵蜜炼川贝枇杷膏、双黄连口服液、午时茶颗粒、三九感冒灵胶囊、酚麻美敏片、对乙酰氨基酚缓释片、开瑞坦、补中益气丸、六味地黄丸、金银花露、蒙脱石散、维生素 C 泡腾片。

2）处方药：复方甘草片、鲜竹沥口服液、硫酸特布他林片、庆大霉素普鲁卡因维 $B_{12}$ 颗粒、阿莫西林胶囊、头孢克洛颗粒等。

（2）外用药

1）眼部用药：复方门冬维甘滴眼液、珍珠明目滴眼液、氯化钠滴眼液、红霉素眼膏等。

2）皮炎湿疹用药：复方醋酸地塞米松乳膏、丁酸氢化可的松乳膏、糠酸莫米松乳膏等。

3）手足癣用药：复方酮康唑软膏、硝酸咪康唑乳膏等。

4）抗生素药膏：红霉素软膏、莫匹罗星软膏。

5）跌打损伤用药：云南白药气雾剂、云南白药酊、依马打正红花油。

6）其他外用药：水杨酸苯酚贴膏、阿昔洛韦乳膏、开塞露、邦迪创可贴、风油精、清凉油、酒精、暖宝宝取暖片等。

2. 非药品

1）食品及保健食品：上药珍珠粉、艾兰得维 C 含片鲜橙味、慢严舒柠好爽糖鲜橙味、复合维生素软糖、多种维生素—矿物质软糖、脑白金。

2）化妆品：曼秀雷敦特柔润唇膏、维 E 珍珠靓肤甘油、蛇油护手霜、冻疮消乳膏、维生素 E 霜、宝宝营养霜、芦荟胶、妙妙冰驱蚊贴、美容珍珠粉等。

3）医疗器械：脱脂棉、医用脱脂棉、医用棉签、兵兵防晕贴、酒精消毒棉球、口腔体温表等。

四、实训内容

（1）能正确验收药品，并填写相关表格。

（2）能对药品进行日常的保管工作，并填写相关表格（表 3-2~表 3-7）。

表 3-2　药品质量验收记录

药店＿＿＿＿＿＿＿＿＿＿＿＿＿＿＿＿＿＿＿＿＿＿　日期＿＿＿＿＿＿＿＿＿＿＿＿＿

| 到货日期 | 品名 | 规格 | 剂型 | 数量 | 供货单位 | 生产企业 | 生产批号 | 有效期 | 批准文号 | 质量状况 | 包装质量 | 验收结论 | 验收员 |
|---|---|---|---|---|---|---|---|---|---|---|---|---|---|
|  |  |  |  |  |  |  |  |  |  |  |  |  |  |
|  |  |  |  |  |  |  |  |  |  |  |  |  |  |
|  |  |  |  |  |  |  |  |  |  |  |  |  |  |
|  |  |  |  |  |  |  |  |  |  |  |  |  |  |

表 3-3　药品入库验收记录

药店＿＿＿＿＿＿＿＿＿＿＿＿＿＿＿　编号＿＿＿＿＿＿＿＿＿＿　验收日期＿＿＿＿＿＿＿＿＿＿

| 到货日期 | 供货单位 | 生产厂家 | 品名 | 规格 | 数量 | 批准文号 | 注册商标 | 批号 | 有效期 | 合格证 | 质量情况 | 验收员 |
|---|---|---|---|---|---|---|---|---|---|---|---|---|
|  |  |  |  |  |  |  |  |  |  |  |  |  |
|  |  |  |  |  |  |  |  |  |  |  |  |  |  |

表 3-4　进口药品入库验收记录

药店＿＿＿＿＿＿＿＿＿＿＿＿＿＿＿　编号＿＿＿＿＿＿＿＿＿＿　验收日期＿＿＿＿＿＿＿＿＿＿

| 到货日期 | 供货单位 | 生产厂家 | 品名 | 规格 | 数量 | 注册证号 | 注册商标 | 批号 | 有效期 | 合格证 | 质量情况 | 验收员 |
|---|---|---|---|---|---|---|---|---|---|---|---|---|
|  |  |  |  |  |  |  |  |  |  |  |  |  |
|  |  |  |  |  |  |  |  |  |  |  |  |  |  |
|  |  |  |  |  |  |  |  |  |  |  |  |  |  |
|  |  |  |  |  |  |  |  |  |  |  |  |  |  |

表 3-5　首次购进药品验收表

药店＿＿＿＿＿＿＿＿＿＿　　编号＿＿＿＿＿＿＿＿＿＿＿＿　　验收日期＿＿＿＿＿＿

| 品名 | | 规格 | | 数量 | |
|---|---|---|---|---|---|
| 批准文号 | | 包装规格 | | | |
| 生产批号 | | 有效期 | | | |
| 出厂日期 | | 注册商标 | | | |
| 厂名 | | 购货数量 | | | |
| 项目 | 装量 | | | | |
| | 外观质量 | | | | |
| | 包装质量 | | | | |
| 验收结论 | | | | | |
| 备注 | | | | | |

表 3-6　特殊管理药品入库验收记录

药店＿＿＿＿＿＿＿＿＿＿　　编号＿＿＿＿＿＿＿＿＿＿＿＿　　验收日期＿＿＿＿＿＿

| 到货日期 | 供货单位 | 生产厂家 | 品名 | 规格 | 数量 | 注册证号 | 注册商标 | 批号 | 有效期 | 合格证 | 质量情况 | 验收员 | 复核员 |
|---|---|---|---|---|---|---|---|---|---|---|---|---|---|
| | | | | | | | | | | | | | |
| | | | | | | | | | | | | | |
| | | | | | | | | | | | | | |
| | | | | | | | | | | | | | |

表 3-7　药品拒收报告单

药店＿＿＿＿＿＿＿＿＿＿　　编号＿＿＿＿＿＿＿＿＿＿＿＿　　验收日期＿＿＿＿＿＿

| 品名 | | 规格 | | 数量 | |
|---|---|---|---|---|---|
| 供货单位 | | 生产企业 | | | |
| 批号 | | 批准文号 | | | |
| 进货凭证 | | 金额 | | | |
| 拒收原因（质量不合格附药品检验报告书） | | | | | |
| 处理情况 | | | | | |
| 验收、保管员意见（签字） | | | | | |
| 质量负责人意见（签字） | | | | | |
| 备注： | | | | | |

## 课 后 练 习

**一、选择题**

A 型题

1. 标志图形表示（　　）。

A. 小心轻放 　　　　　B. 向上 　　　　　C. 怕晒 　　　　　D. 怕雨

2. 冷藏药品应在到货后（　　）内验收完毕。

A. 一周 　　　　　　　　　　B. 一个工作日

C. 半个工作日 　　　　　　　D. 2 个小时

3. 有关不合格药品处理的记录应保存（　　）。

A. 一年 　　　　　　　　　　B. 三年

C. 五年 　　　　　　　　　　D. 不用保存

4. 含挥发性成分的中药材不适合采用（　　）法进行干燥。

A. 晒干 　　　　　　　　　　B. 烘干

C. 阴干 　　　　　　　　　　D. 石灰干燥

B 型题

5. 药品验收的原则有（　　）。

A. 及时性 　　　　　　　B. 真实性 　　　　　　C. 全面详细性

D. 明确性 　　　　　　　E. 精确性

6. 可以确认为不合格药品的是（　　）。

A. 国家、省、市各级药品监督管理部门发布的通知为不合格药品的

B. 该药品符合《中国药典》及《药品管理法》中有关假劣药的定义

C. 各级药品监督管理部门抽查检验不合格的药品

D. 质量验收、保管养护和销售过程中发现的外观、包装、标识不符、包装污染、破碎及超过有效期的药品，并报质量管理员确认为不合格的药品

E. 生产厂商、供货单位来函通知的不合格药品

**二、判断题**

1. 药品的内包装是指直接接触药品的容器。（　　）

2. 贵重中药材可以抽样检查验收。（　　）

3. 验收药品时，一般情况下有效期不足六个月的药品不得入库。（　　　）

**三、名词解释**

1. 药品包装

2. 不合格药品

扫一扫

**四、问答题**

结合药店的消防安全知识宣传工作，出一期宣传海报。

# 模块四　药品陈列与养护

整齐、美观、醒目的药品陈列可以吸引顾客的注意力，方便购买，可有效提升药品销量，增加药店竞争力。药品养护可防止药品变质，减少药品的耗损，使顾客用药安全有效。

## 任务一　药 品 陈 列

 **活动一　陈列概述**

 **议一议**

为什么零售药店要注意药品的陈列呢？

药品陈列是指将药店内的商品在货架和柜台内摆放和排列等活动。"陈列是无声的推销"。药品陈列以药品为主题，营业员可以将药品与清晰、丰富、生动、美观等概念联系起来，维护药店的品牌形象，同时使顾客在药店购物变得放松、休闲，既引起顾客的兴趣，又方便顾客购买，从而提升药品的销量，增加药店的竞争力。

**活动二　陈列方法**

药品陈列，必须符合《药品经营质量管理规范》（GSP）的相关要求。GSP 中的有关药品陈列的要求：

（1）药品与非药品分开　如脑白金（保健品）与美林（药品）需分开放置。

（2）处方药（Rx）与非处方药（OTC）分开　如头孢克洛颗粒（处方药）与开瑞坦（非处方药）需分开放置。头孢克洛颗粒不能陈列在开放自选式的货架。开瑞坦可以陈列在开放自选式的货架上，方便顾客购买。

（3）内服与外用分开　如清开灵颗粒（内服药）与达克宁软膏（外用药）要分开。

（4）易串味药品与一般药品分开　如风油精（易串味药）与一般药品分开。

（5）特殊药品单独存放　如图 4-1 含麻黄碱或伪麻黄碱类的药品需单独陈列。

图 4-1　麻黄碱类药品专柜

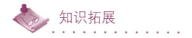

知识拓展

### 伪麻黄碱类药

伪麻黄碱类药物可快速缓解感冒鼻部症状，安全性良好，本身并不是毒品。但为防止含伪麻黄碱类药流入非法渠道，须加强管理，做好含这类药物制剂的验收、贮存、销售等环节。伪麻黄碱类药物要设置专柜，由专人管理，专册登记，登记内容包括药品的名称、规格、销售数量、生产企业、生产批号、购买人姓名、身份证号码。有异常情况，应立即停止销售，并向有关部门报告。

（6）同类药品同柜摆放　如图4-2抗风湿类药品同柜摆放、妇科类药品同柜摆放。

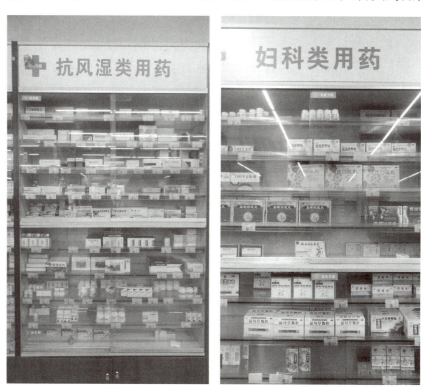

图4-2　同类药品同柜摆放

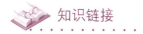

知识链接

### 药　品　分　类

常用的药品分类：

1. 按分类管理办法：处方药和非处方药（甲、乙两类）。

2. 按药品作用分：镇静催眠、解热镇痛、抗生素类、维生素类、抗过敏、抗高血压、降血脂类药等。

3. 按药品在人体内的作用部位分：呼吸系统、消化系统、神经系统、心脑血管系统、妇科、肝胆用药等。

4. 按《药品目录》分：西药、中成药、中药饮片等。

5. 按药品保管习惯分：片剂、注射剂、胶囊剂、散剂、气雾剂、软膏剂等。

 练一练
. . . . . . . .

陈列下面药品

阿莫西林胶囊、罗红霉素胶囊、头孢克洛颗粒、脑白金、皮炎平软膏、六味地黄丸、维生素 C 咀嚼片、清凉油、阿司匹林肠溶片、复方丹参片、新盖中盖高钙片、白花油、复方门冬维甘滴眼液、小柴胡颗粒、酚咖片、清开灵颗粒、布洛芬缓释胶囊、珍珠明目滴眼液、云南白药气雾剂、桑菊感冒颗粒、风寒感冒颗粒、多潘立酮片、感冒灵颗粒、云南白药酊、红花油、珍菊降压片、补中益气丸、维生素 C 泡腾片、江中健胃消食片。

营业员在遵循 GSP 的相关要求下，可以灵活进行药品的陈列。

一、货架陈列

药品的货架陈列应遵循以下几种原则。

1. 醒目

醒目是药品陈列的第一要求。营业员在药品陈列时可以根据药品的大小分类，位置不宜太高或太低：货架的上段可以陈列顾客希望看到的商品，如推荐商品、弹性需求高的商品。货架的中段（110～140 cm）为黄金地段，可以放价格适宜，主推商品。货架的下段放置体积大、分量重、销量一般的商品。以上药品陈列方法可避免头重脚轻，不会造成顾客视觉上的不适，又有利于保护所陈列药品，使药品更安全稳定。速购药品放在最明显，最易选购的位置，便于顾客仔细观看，慢慢挑选；特殊药品如精品、高档药品、名品可以摆放在距离一般出售药品稍远、环境优雅的地方，以显示药品的高档贵重，满足顾客的特殊心理。对应的药品标签要一目了然，比如名称、价格、产地、规格等。

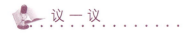 议一议
. . . . . . . .

请你对图 4-3 所示的药品陈列进行分析，尝试回答药品陈列醒目原则。

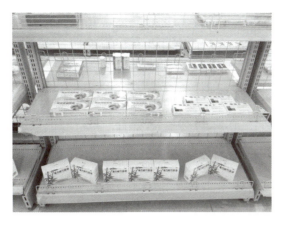

图 4-3　上呼吸道用药的陈列

2. 丰富

药品陈列种类要多、数量要充足，以刺激顾客的购买欲望，如图 4-4。丰富原则是吸引顾客，提高销售额的重要手段之一，品种单一，货架空荡的商店，顾客是不愿进去的。品种丰富，齐全，给顾客很强的视觉冲击，产生购买的欲望。

图 4-4　丰富的药品

3. 创意

大胆地采用多种艺术造型和方法，运用多种装饰衬托，使陈列整洁美观，有创意，吸引顾客的眼球，使顾客产生美好的印象，如图 4-5 所示。

图 4-5　药品创意陈列

4. 主题

创设相关主题如高血压专区，糖尿病生活馆，药妆区、参茸专柜等，将某些产品集中陈列在一起。同时采用灯光配合商品的做法，如药妆区用白光配合，显现时尚的特征；参茸专柜则可采用暗红色背景，外加射灯照射，低调又显尊贵。此外，不同的季节，可以将应季的商品集中进行陈列，如秋冬季主题陈列"冬令进补"滋补药，"防冻"冻疮药；夏季的"安然度夏"主题陈列：防暑药、花露水、风油精等；"三八"妇女节来临之际，女性营养补品，如以维生素 E、维生素 C、葡萄籽、补血养颜的商品等作为陈列主题。这样不仅使顾客对商品一目了然，更增加了顾客对药店的深刻印象。

5. 关联

关联性摆放可以将配套的商品关联放在一起，如止咳祛痰药和解热镇痛药相邻摆放，如图 4-6 所示；女性个人护理与妇科用药相邻摆放；维生素 D 与钙片等相邻摆放等。有条件的可以在中药饮片旁设置煎药区。关联陈列需要店员开拓创新，从消费者角度出发，满足顾客的多元化需求，在兼顾疗程用药的同时提高单笔销售额。

图 4-6　关联性摆放药品

练一练

陈列下面药品

维生素 C 咀嚼片、维生素 D 胶囊、三九感冒灵颗粒、葡萄糖酸钙口服液、葡萄糖酸锌口服液、双黄连口服液、鲜竹沥口服液、急支糖浆、金嗓子喉片、清凉喉片、蛇胆川贝枇杷膏、京都念慈庵蜜炼川贝枇杷膏、曼秀雷敦特柔润唇膏、医用脱脂棉、护手宝、益母草颗粒、芦荟胶、美容珍珠粉、乌鸡白凤丸。

二、柜台陈列

柜台陈列药品时要注意不能摆放太多，以免太杂乱，起不到醒目作用，吸引不到顾客的注意力，如图 4-7 所示。

三、收银台陈列

收银台的位置是黄金位置，可以陈列对顾客

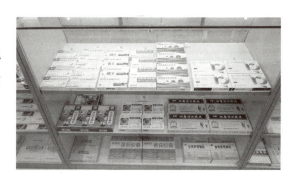

图 4-7　整洁醒目的柜台陈列

有刺激作用的季节性药品、冲动性购买的药品、促销药品或设为赠品区，如放置清咽利喉的润喉片、创可贴、缓解鼻塞的通气鼻贴等，有利于增加销售。

### 四、橱窗陈列

橱窗是街头的美丽风景。陈列的商品不论价格高低，只要别出心裁，橱窗的设计方案营造出的药店氛围，就有对消费者进行引导的作用。橱窗不能陈列药品，以免药品受到阳光的照射。可以粘贴双面海报或 POP（图 4-8），这样让顾客在店里店外都能看到药店的信息和相关活动，吸引顾客进入药店。也可以用药品的包装盒进行创意陈列，增加美感，提升吸引力。

科学的、独具匠心的药品陈列形式，可以使药品具有生命力、拥有自我推销的能力。因此，掌握药品陈列原则，灵活、开拓创新地运用各类陈列，是提升药店竞争力，增加药品的销量的有效方法。

图 4-8　橱窗上的海报

 知识拓展

1. 药品　按批准文号识别商品。

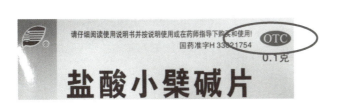

国药准字 H+8 位数字：化学药，
OTC 甲类（红色椭圆底白色文字）

国药准字 H+8 位数字：化学药，
OTC 乙类（绿色椭圆底白色文字）

药品是国药准字+1 位字母+8 位数字，其中化学药品使用的字母为"H"，生物制剂使用字母"S"，中药使用的字母为"Z"。无 OTC 标志的为处方药。

2. 其他商品如表 4-1 所示。

表 4-1　保健品、医疗器械、化妆品、食品的批准文号

| 保健品 | 医疗器械 | 化妆品 | 食品 |
|---|---|---|---|
| 国食健字或卫食健字 | 国食药监械（准）字或各省批准代省份简称如沪食药监械（准）字 | 卫妆准字或卫妆特字（特殊化妆品如防晒，祛斑，防脱育发等） | S Q 生产许可 |
| 保健食品 | | | |

# 任务二   药 品 养 护

在药品的储存过程中，由于受外界因素（光线、温度、湿度等）影响或药品本身的性质，很多药品易发生变质，因此要求药品养护人员对保管的药品进行保养和质量维护。养护工作坚持"预防为主"的原则，依据药品流转情况、市场药品质量动态和季节变化，采取措施进行科学养护，防止药品变质，减少药品的耗损。养护工作要有明确的药品养护方案，拟订药品养护计划。

养护人员进行的养护工作主要是定期对药店的药品储存、药品陈列、清洁、防火、防盗、防潮、防霉、防虫鼠及防污染等工作进行检查，还要保持一定的温湿度。发现问题及时采取有效措施，同时记录处理过程并上报相关部门。

 活动一   温湿度管理

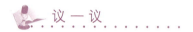 议 一 议

图 4-9 为某大药房的温湿度记录表，议一议温湿度记录表有哪些内容，需注意什么问题？

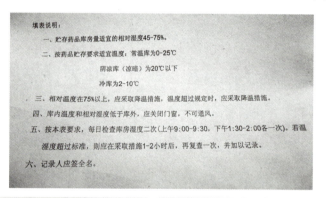

图 4-9   某大药房温湿度记录表

温湿度是药品养护的重要条件之一，温湿度过高或过低均引起许多药品发生变质，所以要做好药店温湿度的监测和管理。为做好药店温湿度管理应对药店每日上午和下午各进行一次监测，并做好记录（图4-9）。如有温湿度超过规定值，应及时做好调控措施，随时开关门窗，做好防潮、降温、保暖、通风工作。防潮措施有通风防潮、吸湿防潮、密封防潮等。

 **活动二　药品养护**

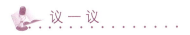 议一议............

你知道图4-10、图4-11是用于记录什么的吗？

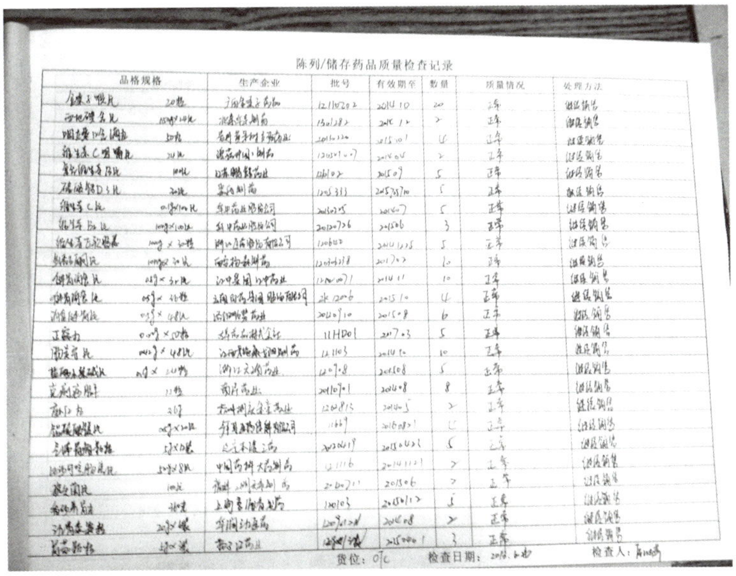

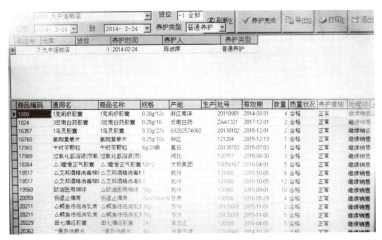

图4-10

图4-11

这两张图都是药品养护记录表，图4-10为纸质的药品养护记录表，图4-11为计算机登记的药品养护记录。计算机养护记录有方便、快捷、便于检查等优点，故应用比较广泛。

对储存的药品应每季度养护检查一次，按照"三三四"原则，即第一个月检查30%，第二个月检查30%，第三个月检查40%；对陈列的药品应进行按月检查养护。药品养护时要及时做好养护记录。对特殊药品，贵重药品，国际单位标示的药品，储存超过三个月、质量易变的药品，不合格药品的相邻批号等应重点检查。在药品养护中一旦发现质量有疑问，应马上撤下柜台，停止销售，并尽快通知质量管理人员进行复查。根据复查结果，合格的药品重新上架，不合格的退回药厂。

**练一练**

药品养护记录表（表4-2）和药品养护档案表（表4-3）

**表4-2 药品养护记录表**

编号：　　　　　　　　　　　　　　　　　　　年　月　日

| 序号 | 品名规格 | 生产企业 | 批号 | 有效期 | 数量 | 质量情况 | 处理方法 |
|---|---|---|---|---|---|---|---|
| 1 | | | | | | | |
| 2 | | | | | | | |
| 3 | | | | | | | |

货位：　　　　　　养护员：

**表4-3 药品养护档案表**

编号：　　　　　　　　　　　　　　　　建档日期：

| 药品名称 | | 有效期 | |
|---|---|---|---|
| 规格 | | 批准文号 | |
| 生产企业 | | 注册商标 | |
| 用途 | | 生产许可证号 | |
| 质量标准 | | 检查项目 | |
| 性状 | | 包装情况 | 内： |
| 储存要求 | | | 中： |
| | | | 外： |

续表

| | 年　月　日 | 生产批号 | 质量问题 | 年　月　日 | 生产批号 | 质量问题 |
|---|---|---|---|---|---|---|
| 质量问题摘要 | | | | | | |
| | | | | | | |
| | | | | | | |
| | | | | | | |
| | | | | | | |

## 活动三　中药养护

中药饮片容易发生虫蛀、发霉、泛油、变色等变质现象，需每月检查，并根据中药饮片的性质进行烘烤、翻晒等养护措施，并做好记录（表4-4）。

**表4-4　中药饮片陈列养护记录表**

编号：　　　　　　　　　　　　　　　　　　　　　　　　　　年　　　月　　　日

| 序号 | 品名 | 生产企业 | 供货企业 | 进货日期 | 养护方法 | 养护设备 |
|---|---|---|---|---|---|---|
| 1 | | | | | | |
| 2 | | | | | | |
| 3 | | | | | | |

养护员：

1. 虫蛀

易虫蛀的中药如含糖、脂肪较多的熟地黄、陈皮、枸杞等应置于干燥通风处密封贮存；含淀粉较多的山药、赤小豆、葛根等和含挥发油较多的菊花、玫瑰花、当归等要勤检查，要注意清洁卫生、干燥通风、环境阴凉。具体的防虫蛀方法：高温杀虫法（暴晒、烘烤等）、低温杀虫法（低温冷藏，注意防潮）、熏蒸法、对抗法（如三七和樟脑）、密闭法等。

2. 发霉

加强检查，常通风，保持干燥。

3. 泛油

选择干燥通风好的位置，注意防潮。可采用晾晒法、吸潮法、密封法等。

4. 变色

置于阴凉干燥处，注意防潮、受热，要避光。可采用晾晒法、吸潮法、密封法等。

## 活动四　近效期管理

药品有效期表示该药品在规定的贮存条件下能够保证质量的期限，即药品被批准的使用期限。药品的有效期为药品包装上标明的日期，未标明有效期或更改有效期的药品按劣药处理。

药品有效期的格式：有效期至××年××月××日；药品生产日期为××年××月××日，有效期为2年，则表示有效期至年为××加2，月为××减1。例如：金嗓子喉片生产日期为2012年3月12日，有效期为2年，指有效期至2014年2月。生产日期以生产批号为准。生产批号：GMP中的规定为用于识别"批"的一组数字或字母加数字。为追查每一批药品的历史，每一批产品都有相对应的批号。一般生产批号由生产时间的年月日各两位数组成。如图4-12为盐酸小檗碱片的药品批号、生产日期和有效期。

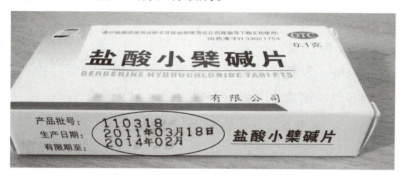

图4-12　药品批号、生产日期、有效期

有效期药品在进入药房后要做到"先进先出，近期先出"，以免过期失效，造成药品耗损。对近效期药品（实际操作为距失效期6个月以内的药品）需建立近效期一览表（表4-5、表4-6），以便随时掌握本药店近效期药品的销售状况，减少不合理的损失。

练一练

近效期药品催销表（表4-5）。

表4-5　近效期药品催销表

编号：　　　　　　　　　　　　　　　　　　　　　　　　　　　　　日期：

| 序号 | 品名 | 规格 | 生产企业 | 数量 | 单位 | 生产批号 | 有效期 | 贮存地点 | 备注 |
|---|---|---|---|---|---|---|---|---|---|
| 1 | | | | | | | | | |
| 2 | | | | | | | | | |
| 3 | | | | | | | | | |
| 4 | | | | | | | | | |
| 5 | | | | | | | | | |

部门负责人：　　　　　　　　养护员：　　　　　　　　营业员：

表 4-6　近效期药品催销月报表

　　　年　　　月　　　日　　　　　　　　　　　　　填报人：

| 序号 | 品名 | 规格 | 生产企业 | 单位 | 生产批号 | 有效期 | 数量 |
|------|------|------|----------|------|----------|--------|------|
| 1 | | | | | | | |
| 2 | | | | | | | |
| 3 | | | | | | | |
| 4 | | | | | | | |
| 5 | | | | | | | |

## 活动五　仪器、设备养护

　　药店应配置符合 GSP 要求的设施设备，如便于药品陈列展示的设备、温湿度计、冰箱、防虫鼠设备等。对养护的设备，除使用过程中随时检查并记录外，每季度应对设备进行保养和维修。设备登记表、检查记录表和维修记录表见表 4-7、表 4-8、表 4-9。

表 4-7　设备登记表

| 名称 | | | | 型号规格 | |
|------|------|------|------|----------|------|
| 制造厂 | | | | 出厂编号 | |
| 购入日期 | | 使用日期 | | 最大称量 | |
| 维修记录 | | | | | |
| 项目 | 检定单位 | 送检人 | 检定编号 | 检定日期 | 有效期 | 备注 |
| | | | | | | |
| | | | | | | |
| | | | | | | |

表 4-8　检查记录表

| 名称 | 生产厂家 | 型号 | 检查时间 | 检查结果 | 备注 |
|------|----------|------|----------|----------|------|
| | | | | | |
| | | | | | |

表 4-9　维修记录表

| 序号 | 设备名称 | 检修时间 | 工作状况 | 维护内容 | 更换部件 | 调试结果 | 检修负责人 | 备注 |
|---|---|---|---|---|---|---|---|---|
| 1 | | | | | | | | |
| 2 | | | | | | | | |
| 3 | | | | | | | | |

# 任务三　正确陈列药品和日常药品的养护实训

## 一、实训地点

药店（或模拟药房）

## 二、实训目的

（1）能正确陈列常用药品。
（2）能正确进行日常药品的养护工作。

## 三、实训材料

1. 药品

（1）内服药　①非处方药　蛇胆川贝枇杷膏、京都念慈庵蜜炼川贝枇杷膏、双黄连口服液、午时茶颗粒、三九感冒灵颗粒、酚麻美敏片、白加黑感冒片、日夜百服宁、金嗓子喉片、清凉喉片、西地碘含片、咽炎片。酚咖片、对乙酰氨基酚缓释片、阿司咪唑、开瑞坦、补中益气丸、六味地黄丸、安神补脑液、金银花露、板蓝根颗粒、蒙脱石散、清火栀麦片、维生素 C 泡腾片、维生素 C 咀嚼片、葡萄糖酸钙口服溶液、多潘立酮片、江中健胃消食片、三九胃泰胶囊、盐酸小檗碱片、肠炎宁片等。②处方药　复方甘草片、鲜竹沥口服液、硫酸特布他林片、庆大霉素、普鲁卡因、维生素 $B_{12}$ 颗粒、阿莫西林胶囊、头孢克洛颗粒等。

（2）外用药　①眼部用药：萘敏维滴眼液、复方门冬维甘滴眼液、珍珠明目滴眼液、氯化钠滴眼液、新乐敦滴眼液、珍视明滴眼液（红）、红霉素眼膏等。②皮炎湿疹用药：复方醋酸地塞米松乳膏、丁酸氢化可的松乳膏、糠酸莫米松乳膏等。③手足癣用药：复方酮康唑软膏、酮康唑乳膏、联苯苄唑乳膏、硝酸咪康唑乳膏等。④抗生素药膏：红霉素软膏、莫匹罗星软膏等。⑤跌打损伤用药：云南白药气雾剂、云南白药酊、依马打正红花油、解痉镇痛酊等。⑥ 其他外用药：水杨酸苯酚贴膏、阿昔洛韦乳膏、开塞露、邦迪创可贴、邦纳卡通创可贴、风油精、清凉油、白花油、乙醇溶液、暖宝宝取暖片等。

2. 非药品

（1）食品及保健食品　上药珍珠粉、维 C 含片鲜橙味、维 C 含片草莓味、胖大海含片、复合维生素软糖、多种维生素+矿物质软糖、脑白金、青春宝等。

（2）化妆品　曼秀雷敦特柔润唇膏、曼秀雷敦男士润唇膏、维 E 珍珠靓肤甘油、护手霜、护手宝、蛇油护手霜、精品尿素霜、冻疮消乳膏、维生素 E 霜、宝宝营养霜、芦荟胶、驱蚊贴、美容珍珠粉等。

（3）医疗器械　脱脂棉、医用脱脂棉、医用棉签、透明通气鼻贴、防晕贴、乙醇消毒棉球、口腔温度表等。

## 四、实训内容

（1）能正确陈列药品。

（2）能对药品进行日常的养护工作，并填写养护记录表，温湿度记录表，近效期药品推销表（表4-10、表4-11）。

表 4-10　药品陈列、储存环境温湿度记录表

药店：　　　　　表号：　　　　　　　　年　　　月

| 日期 | 上午 | | | | | | | | 下午 | | | | | | | | 记录人签名 |
|---|---|---|---|---|---|---|---|---|---|---|---|---|---|---|---|---|---|
| | 温度（℃） | 相对湿度（%） | 调控措施 | | | | 处理后 | | 温度（℃） | 相对湿度（%） | 调控措施 | | | | 处理后 | | |
| | | | 通风 | 关闭门窗 | 去湿 | 降温 | 温度（℃） | 相对湿度（%） | | | 通风 | 关闭门窗 | 去湿 | 降温 | 温度（℃） | 相对湿度（%） | |
| 1 | | | | | | | | | | | | | | | | | |
| 2 | | | | | | | | | | | | | | | | | |
| 3 | | | | | | | | | | | | | | | | | |
| 4 | | | | | | | | | | | | | | | | | |
| 5 | | | | | | | | | | | | | | | | | |
| 6 | | | | | | | | | | | | | | | | | |
| 7 | | | | | | | | | | | | | | | | | |
| 8 | | | | | | | | | | | | | | | | | |
| 9 | | | | | | | | | | | | | | | | | |

续表

| 日期 | 上午 | | | | | | | | 下午 | | | | | | | | 记录人签名 |
|---|---|---|---|---|---|---|---|---|---|---|---|---|---|---|---|---|---|
| | 温度（℃） | 相对湿度（%） | 调控措施 | | | | 处理后 | | 温度（℃） | 相对湿度（%） | 调控措施 | | | | 处理后 | | |
| | | | 通风 | 关闭门窗 | 去湿 | 降温 | 温度（℃） | 相对湿度（%） | | | 通风 | 关闭门窗 | 去湿 | 降温 | 温度（℃） | 相对湿度（%） | |
| 10 | | | | | | | | | | | | | | | | | |
| 11 | | | | | | | | | | | | | | | | | |
| 12 | | | | | | | | | | | | | | | | | |
| 13 | | | | | | | | | | | | | | | | | |
| 14 | | | | | | | | | | | | | | | | | |
| 15 | | | | | | | | | | | | | | | | | |

表 4-11　冰箱温度记录表

药店：　　　　　　　　　　　　　　　　　　　　　　　　　年　　　月

| 日期＼时间 | 上午（℃） | 下午（℃） | 日期＼时间 | 上午（℃） | 下午（℃） |
|---|---|---|---|---|---|
| 1 | | | 16 | | |
| 2 | | | 17 | | |
| 3 | | | 18 | | |
| 4 | | | 19 | | |
| 5 | | | 20 | | |
| 6 | | | 21 | | |
| 7 | | | 22 | | |
| 8 | | | 23 | | |
| 9 | | | 24 | | |
| 10 | | | 25 | | |
| 11 | | | 26 | | |
| 12 | | | 27 | | |
| 13 | | | 28 | | |
| 14 | | | 29 | | |
| 15 | | | 30 | | |

# 课 后 练 习

## 一、选择题

A 型题

1. 在社会上的药房里，处方药与非处方药应（　　）。

A. 分柜陈列　　　　　　　　　　　　B. 开架自选

C. 在执业药师的指导下购买　　　　　D. 同一陈列，因非处方药有同一的标识

2. 药品养护工作的原则（　　）。

A. 质量检查　　　　　　　　　　　　B. 预防为主

C. 重点检查　　　　　　　　　　　　D. 为了盘货

3. 对药房温湿度的记录（　　）。

A. 每隔 3 小时一次　　　　　　　　　B. 每隔 5 小时一次

C. 每日 3 次　　　　　　　　　　　　D. 每日 2 次

4. 三九感冒颗粒与蛇胆川贝枇杷膏在相邻柜台摆放，这是（　　）。

A. 主题陈列　　　　　　　　　　　　B. 醒目

C. 关联陈列　　　　　　　　　　　　D. 创意陈列

B 型题

5. 药品养护记录表中应有（　　）。

A. 药品名称　　　　B. 养护员签名　　　　C. 有效期

D. 养护意见　　　　E. 药品用途

6. 按要求，陈列药品时应做到（　　）。

A. 药品与非药品分开　　　B. 处方药与非处方药分开　　　C. 剂型不同分开

D. 用途不同分开　　　E. 内服药与外用药分开

## 二、判断题

1. 根据 GSP 的要求，药品与非药品分开，处方药与非处方药分开。（　　）

2. 货架的上段放置销量一般的药品。（　　）

3. 养护工作坚持"预防为主"的原则。（　　）

4. 药店的温湿度记录每天一次。（　　）

5. 近效期是指距失效期 3 个月的药品。（　　）

## 三、名词解释

1. 药品陈列

2. 药品的有效期

**四、问答题**

1. 简答 GSP 中的有关药品陈列的要求。

2. 药品养护的主要工作。

**五、设计题**

请设计"三八"妇女节主题陈列。

扫一扫

# 模块五　药品销售

药品销售是零售药店重要的业务组成部分。药品销售是指在药店营业员面向顾客的服务过程中对药品进行的介绍、推荐和推销活动。药品销售有处方药的销售和非处方药的销售。

## 任务一　西药处方药的销售

 **活动一　西药处方药的零售**

西药是和中药相对而言，始由国外传入，一般指化学合成的药物。也可称为现代药，大多是化学合成药，也包括抗生素，生化药品及生物制剂等。所谓处方药，是指有处方权的医生开具出处方，并按此从医院药房购买的药物。这种药通常都具有一定的毒副作用，用药方法和时间都有特殊要求。西药处方的调配一般都有以下几个过程。

（1）收方　从顾客处接收处方。

（2）审方　由执业药师或药师以上药学技术人员负责处方的审核，如姓名、性别、年龄、药品名称、剂量、用法用量等及监督调配，保证用药安全。对处方所列药品不得擅自更改或代替，对有配伍禁忌或超剂量的处方，应拒绝调配，但经处方医师更正或重新签字确认的，可以调配。

（3）计价收费。

（4）调配处方　配方人按处方调配，仔细核对药品标签上的名称、规格、用法用量等，并在处方上签字。

（5）核对检查　仔细核对药品标签的名称、规格、用法用量等，保证不会出错。复核无误后由执业药师签字。

（6）发药　应认真核对顾客的姓名、药品名称、规格、用法用量等，同时向顾客说明需要注意的问题。

（7）礼貌道别。

 **活动二　心血管系统用药**

### 一、高血压患者用药指导

步骤1　对高血压病患者进行常见症状的说明

（1）头痛    部位多在后脑，并伴有恶心、呕吐等症状。

（2）眩晕    女性患者出现较多。

（3）耳鸣    双耳耳鸣，持续时间较长。

（4）心悸气短    高血压会导致心肌肥厚、心脏扩大、心肌梗死、心功能不全。

（5）失眠    多为入睡困难、早醒、睡眠不踏实、易做噩梦、易惊醒。与大脑皮质功能紊乱及自主神经功能失调有关。

（6）肢体麻木    常见手指、脚趾麻木或皮肤蚁行感，手指不灵活。身体其他部位也可能出现麻木，还可能感觉异常，甚至偏瘫。

步骤2    对高血压病患者进行用药指导

（1）利尿降压药    吲达帕胺、氢氯噻嗪等。不良反应有：腹泻、头痛、食欲减低、失眠、过敏反应；低血钠、低血钾、低氯性碱中毒和高尿酸。

（2）中枢神经和交感神经抑制剂    利舍平、降压灵、盐酸可乐定。

（3）肾上腺素能受体阻滞剂    β受体阻滞剂如普萘洛尔、美托洛尔等。常见不良反应有头晕、精神抑郁、反应迟钝、心动过缓、心力衰竭、加重气管痉挛。

（4）血管紧张素 I 转换酶抑制剂如卡托普利、依那普利等    常见不良反应有心悸、眩晕、头痛、咳嗽（特征性反应）等。

（5）钙离子阻断剂如硝苯地平、氨氯地平等    常见不良反应有：外周水肿、头晕、头痛、恶心、乏力和面部潮红、一过性低血压。

（6）积极复方制剂如复方降压片、复方罗布麻片。

【注意事项】

（1）不要盲目降压    首先弄清是否是因肾疾病、嗜铬细胞瘤等引起的高血压。需找出病因，对症治疗。

（2）用药剂量和种类不能雷同    应按病情轻重分级治疗，并注意个体差异，药量因人而异。

（3）除轻型或近期发病的高血压外，尽量联合用药，优点是产生协同作用，减少每种药物剂量及其副作用。

（4）坚持长期合理用药，勤测血压，及时调整剂量，巩固疗效。

（5）宜逐渐降压    对无并发症的患者，要求使血压降至 140/90 mmHg 左右。过度降压可使脑、心、肾供血不足导致进一步缺血，轻者头晕，重者导致缺血性脑中风或心肌梗死。

（6）不宜突然停药，以免引起血压升高。

（7）防止情绪激动，保证睡眠充足，心情舒畅。生活有规律，适当进行体育锻炼，如散步、体操、太极拳、气功等。

（8）戒烟、避免过量饮酒。防止饮食过腻过饱，宜清淡，富含维生素和蛋白质，少进食盐和胆固醇过多的食物。

### 二、糖尿病患者用药指导

**步骤 1  进行糖尿病的药物治疗原则的说明**

由于对糖尿病的病因及发病机制尚未完全明了，故缺乏病因治疗。目前强调早期、长期、综合治疗，治疗措施个体化的原则。治疗目的是纠正代谢紊乱，恢复血糖水平，消除症状，防止或延缓并发症的发生，保障儿童生长发育，延长寿命，降低病死率，提高生活质量。治疗的要点是饮食控制、运动疗法、血糖监测、药物治疗和糖尿病知识教育。

**步骤 2  进行糖尿病的药物治疗方案的说明**

（1）1 型糖尿病的药物治疗  需终身使用胰岛素，以补充胰岛素分泌的不足。开始时胰岛素约 20 U/d，分三次餐前注射，以后根据空腹血糖及餐后血糖水平进行调整，3~5 天调整一次，至合理用量。

（2）2 型糖尿病的药物治疗  2 型糖尿病根据患者体重可分为肥胖和非肥胖两型。肥胖的 2 型糖尿病如有明显的胰岛素抵抗和高胰岛素血症，治疗时应首选增加胰岛素敏感性的药物，如二甲双胍、阿卡波糖、罗格列酮等，尽量少用磺酰脲类和胰岛素，否则易加重胰岛素抵抗，形成恶性循环。对非肥胖的 2 型糖尿病，经控制饮食和适当的运动后血糖控制不佳时，可选用磺酰脲类，如血糖仍不能控制在正常水平，可加用二甲双胍或葡萄糖苷酶抑制剂，症状严重者应尽早用胰岛素。

**【注意事项】**  糖尿病的治疗必须坚持剂量个体化，应根据患者的血糖、尿糖水平进行调节；联合用药时易发生低血糖反应，应注意预防；长期应用胰岛素的患者，可采用胰岛素制剂和选用新型胰岛素制剂等措施，避免发生胰岛素抵抗。

##  活动三  抗菌消炎药

### 一、常用抗生素（表 5-1）

表 5-1  常用抗生素品名、适应证、规格、用法

| 序号 | 通用名 | 适应证 | 制剂规格 | 用法用量 |
|---|---|---|---|---|
| 1 | 青霉素 V | 敏感菌所致的轻度感染如扁桃体炎、咽炎、猩红热、支气管炎、肺炎、脓肿、中耳炎等 | 片剂：125 mg，250 mg，500 mg，颗粒剂：50 mg，125 mg，350 mg | 成人：口服每次 250~500 mg，一日 3 次，饭前一小时服用；儿童：口服，5 岁以下儿童每次 125 mg，一日 3 次；6~12 岁每次 250 mg，一日 3 次；12 岁以上同成人 |

续表

| 序号 | 通用名 | 适应证 | 制剂规格 | 用法用量 |
|---|---|---|---|---|
| 2 | 氨苄西林 | 敏感菌所致的流感、肺炎、脑膜炎、胆道感染、尿路感染、败血症、伤寒、痢疾等 | 注射剂：0.5 g<br>胶囊剂：0.25 g | 肌注：参见说明书<br>口服：每次 0.5 g，一日 4 次，饭前服用吸收较好 |
| 3 | 阿莫西林 | 主治呼吸道感染、化脓性脑膜炎、泌尿系统感染、败血症、伤寒、痢疾等 | 片剂、胶囊剂：0.125 g，0.25 g<br>混悬剂：每瓶 50 mL（含阿莫西林 0.125 g）<br>注射剂：0.5 g | 口服：每次 0.5～1 g，一日 3～4 次，饭后服用。<br>口服：每次 0.25 g，加入凉开水 40 mL 摇成混悬液服用，儿童遵医嘱。<br>肌注或静注见说明书 |
| 4 | 头孢氨苄 | 用于敏感菌引起的泌尿系统感染、呼吸系统感染、皮肤及软组织感染、败血症、心内膜炎等 | 片剂：0.125 g，0.25 g | 成人：每次 0.5～1 g，一日 4 次，空腹口服。<br>儿童：每千克体重每日 50～100 mg，分次服用 |
| 5 | 头孢拉定 | 主治泌尿系统感染、呼吸系统感染、软组织感染等如肾盂肾炎、膀胱炎、支气管炎、肺炎、耳鼻喉感染、肠炎、痢疾等 | 胶囊剂：0.25 g，0.5 g<br>干混悬剂：0.125 g，0.25 g<br>注射剂：0.5 g | 口服：每次 0.25～0.5 g，一日 3～4 次，严重者可增至每日 4 g，小儿每千克体重每日 25～50 mg，分 3～4 次服用 |
| 6 | 头孢克洛 | 敏感菌引起的上下呼吸道感染、肺炎、尿路感染、皮肤感染、软组织感染 | 片剂：0.125 g，0.25 g<br>胶囊剂：0.25 g<br>颗粒剂：0.125 g | 口服：成人每次 0.5～1 g，一日 2 次；小儿每千克体重每日 15～20 mg，一日 2 次 |
| 7 | 头孢羟氨苄 | 敏感菌引起的呼吸道、皮肤、软组织、骨关节等感染 | 片剂：0.25 g<br>胶囊剂：0.25 g<br>颗粒剂：0.125 g | 口服：成人每次 0.5～1 g，一日 2 次；小儿每千克体重每日 15～20 mg，一日 2 次 |
| 8 | 红霉素 | 对青霉素过敏或无效的肺炎、急性扁桃体炎、猩红热、丹毒、葡萄糖球菌肠炎、白喉带菌者、百日咳、婴儿支原体肺炎或沙眼衣原体、嗜肺军团菌感染等 | 肠溶衣片：0.125 g，0.25 g<br>眼膏剂：0.5%（每 1 g 含红霉素 5 000 单位）<br>软膏剂：1% | 口服：一日 1～2 g，分 3～4 次服用，儿童酌减。<br>眼用：将眼膏涂入眼睑内，一日 3～4 次。<br>外用：涂于患处，一日 3 次 |

续表

| 序号 | 通用名 | 适应证 | 制剂规格 | 用法用量 |
|---|---|---|---|---|
| 9 | 琥乙红霉素 | 同红霉素，主要用于轻度感染 | 片剂（胶囊剂）：0.1 g、0.125 g 颗粒剂：0.05 g、0.1 g、0.125 g、0.25 g | 口服：成人每次 0.25~0.5 g，一日 3~4 次，小儿每千克体重每日 30~50 mg，分 3~4 次服用 |
| 10 | 罗红霉素 | 用于敏感菌引起的呼吸道、泌尿道、皮肤、软组织等感染，特别是支原体衣原体感染、五官科感染、支气管肺炎及对青霉素过敏的敏感菌感染 | 片剂：50 mg、150 mg、250 mg 胶囊剂：150 mg、500 mg | 成人：口服每次 150 mg，一日 2 次，5~12 天一个疗程。儿童：体重 24~40 kg，每次 100 mg，一日 2 次；体重 12~23 kg，每次 50 mg，一日 2 次；体重 6~11 kg，每次 25 mg，一日 2 次 |
| 11 | 克拉霉素 | 用于敏感菌引起的耳鼻喉科感染、泌尿系统感染，与抗酸剂合用治疗幽门螺杆菌感染 | 片剂：250 mg | 口服：成人每次 250 mg，每 12 小时一次。严重感染时，每 12 小时 500 mg，6~14 天为一个疗程 |
| 12 | 庆大霉素 | 用于绿脓杆菌、耐药金葡菌、大肠杆菌及其他敏感菌引起的各种严重感染，如败血症、呼吸道感染、胆道感染、烧伤感染。口服用于消化道感染 | 片剂：20 mg、40 mg 注射液：1 mL：4 万单位 2 mL：8 万单位 滴眼剂：每管 8 毫升（4 万单位） | 口服：成人每次 80~160 mg，一日 3~4 次；小儿每千克体重每日 10~15 mg，分 3~4 次服用。肌注或稀释后静滴：参见说明书。滴眼：每次 1~2 滴，每 2 小时一次 |
| 13 | 氯霉素 | 伤寒、副伤寒、立克次体病及敏感菌所致眼部感染 | 片剂：0.25 g 滴眼剂：8 mL | 口服：成人每次 0.5 g，一日 4 次；小儿每千克体重每日 25~50 mg，分 3~4 次服用。滴眼：每次 2 滴，每 4 小时滴 1 次 |
| 14 | 林可霉素 | 用于敏感菌引起的呼吸道感染、眼部感染、耳部感染、皮肤软组织感染、胆道感染、厌氧菌感染，败血症等 | 注射剂：1 mL：0.2 g、2 mL：0.6 g 片剂：0.25 g、0.5 g 胶囊剂：0.25 g、0.5 g 滴眼剂：8 mL：0.2 g | 肌注：参见说明书。口服：成人每日 1.5~2 g，分 3~4次服用；儿童每千克体重每日 30~60 mg，分 3~4 次服用。滴眼：每次 1~2 滴，一日 3~4 次 |

## 二、常用合成抗菌药（表5-2）

表5-2  常用合成抗菌药的名称、适应证、规格和使用方法

| 序号 | 通用名 | 适应证 | 制剂规格 | 用法用量 |
|---|---|---|---|---|
| 1 | 诺氟沙星 | 泌尿系统和肠道的细菌感染，如肾盂肾炎、菌痢、伤寒、淋病及外科、五官科、皮肤科的细菌感染 | 片剂：0.1 g<br>胶囊剂：0.1 g<br>滴眼液：0.3%<br>软膏剂：1% | 口服：成人每次 0.1~0.2 g，一日 3~4 次；重症每次 0.4 g，一日 4 次。<br>滴眼：每次 2 滴，一日 3~6 次 |
| 2 | 环丙沙星 | 敏感菌所致的呼吸系统、泌尿系统、消化系统、皮肤、软组织、盆腔、五官等感染，尤其适用于敏感菌引起的需长期给药的骨髓炎、关节炎 | 片剂：0.1 g，0.2 g<br>注射剂：<br>50 mL：100 mg，<br>200 mL：200 mg | 口服：成人每次 0.25 g，一日 2 次，重症者加倍。<br>静滴：参见说明书 |
| 3 | 氧氟沙星 | 呼吸系统、泌尿系统、肠道、皮肤、软组织、胆管、妇科感染，伤寒 | 片剂：0.1 g，0.2 g<br>注射剂：<br>50 mL：100 mg<br>滴眼剂：0.3%<br>眼膏剂：0.3% | 口服：成人每次 0.1~0.3 g，一日 3 次。<br>静滴：每日 0.2~0.4 g，分 2 次给药。<br>眼用：每次 1~2 滴，一日 4 次。或涂眼睑内 |
| 4 | 磺胺甲噁唑/甲氧苄啶 | 可治疗呼吸系统、消化系统、尿路感染，如支气管炎、伤寒、布氏杆菌病、菌痢、流脑 | 片剂：0.45 g（含磺胺甲噁唑 0.4 g，含甲氧苄啶 0.05 g）<br>注射剂：每毫升含磺胺甲噁唑 20 mg，甲氧苄啶 0.08 g | 口服：成人每次 2 片，一日 2 次，早晚饭后服用；儿童按体重磺胺甲噁唑 20 mg/kg，甲氧苄啶 4 mg/kg，每日 2 次。首剂加倍。<br>肌注：参见说明书 |
| 5 | 甲硝唑 | 主要用于厌氧菌引起的系统或局部感染，如腹腔、下呼吸道、女性生殖系统、消化道、皮肤及软组织感染。治疗破伤风与 TAT 合用 | 片剂：0.2 g，0.5 g<br>胶囊剂：0.2 g<br>注射剂：10 mL：50 mg，<br>100 mL：0.5 g<br>阴道泡腾片：0.2 g<br>栓剂：0.1 g | 口服：厌氧菌感染每日 0.6~1.2 g，分 3 次服用，滴虫病每次 0.2 g。阿米巴病每千克体重每日 35~50 mg，分 3 次口服，10 天为一个疗程。<br>置阴道内，连用 7~10 天为一个疗程；肠道阿米巴病每次 0.4~0.6 g，一日 3 次，7~10 天为一个疗程 |

| 序号 | 通用名 | 适应证 | 制剂规格 | 用法用量 |
|---|---|---|---|---|
| 6 | 异烟肼 | 是各类结核病的首选药，主治结核性脑膜炎、肺结核，也可用于百日咳、肠炎、急性菌痢 | 片剂：0.05 g，0.1 g，0.3 g<br>注射剂：0.1 g | 口服：成人每次 0.1~0.3 g，一日 1 次或分 2~3 次；儿童每千克体重每日 10~20 mg。<br>肌注：参见说明书 |
| 7 | 利福平 | 各类结核病，疗效同异烟肼。也可治疗麻风病、抗药金葡菌、肺炎球菌、链球菌的感染及沙眼 | 胶囊剂：0.15 g<br>滴眼液：0.1% | 口服：0.45~0.6 g/次，一日 1 次。<br>滴眼：一日 4~6 次 |
| 8 | 阿昔洛韦 | 单纯疱疹和带状疱疹病毒引起的皮肤和黏膜感染、慢性乙肝 | 片剂及胶囊剂：0.2 g<br>粉针剂：250 mg，500 mg<br>滴眼剂：8 mL：8 mg<br>眼膏：每支 2 g：60 mg | 口服：每次 0.2 g，一日 5 次，5~10 天为一个疗程；<br>滴眼：每次 1~2 滴，1~2 小时一次；<br>涂入眼睑内，每 4 小时 1 次，一日 4~6 次。完全治愈后至少再用 3 日 |
| 9 | 利巴韦林 | 治疗病毒性呼吸道感染及疱疹性病毒感染。如流行性感冒、病毒性眼角膜炎、沙眼、结膜炎、疱疹性口炎、带状疱疹等 | 片剂及胶囊剂：0.1 g<br>注射液：1 mL：0.1 g<br>滴眼剂：0.1% | 口服：每次 0.1~0.2 g，一日 3 次，3~5 日为一个疗程。<br>肌注或静注：参见说明书。<br>滴眼：一日数次 |
| 10 | 克霉唑 | 主治耳霉菌病、体癣、手足癣等。真菌性、滴虫性阴道炎 | 片剂和胶囊剂：0.25 g<br>栓剂：0.15 g/粒<br>软膏剂：1%，3%<br>克霉唑癣药水：1.5% | 口服：成人每次 0.25~1 g，1 日 3 次。<br>塞入阴道，每次 1 粒，一日 1 次。<br>患处涂本品 2~3 次/日 |
| 11 | 咪康唑 | 治疗浅部真菌感染，也可用于深部真菌感染 | 片剂或胶囊剂：0.25 g 注射液：10 mL：0.1 g，20 mL：0.2 g<br>硝酸咪康唑霜：2%<br>软膏剂：2%<br>栓剂：0.1 g，0.2 g | 口服：每次 0.25 g，一日 2 次。<br>静注或静滴：参见说明书。<br>局部涂布患处，一日 2 次，2~4 周为一个疗程。<br>阴道栓，每晚 1 粒，连用 10 天 |

# 任务二　西药处方药销售实训

## 一、实训地点

药店（或模拟药房）

## 二、实训目的

培养学生学会分析、解释涉及项目药物处方的合理性、正确调配处方和具备提供用药咨询服务的能力。

## 三、实训材料

处方单样张、药品

## 四、实训内容

1. 正确调配处方并能对高血压病患者进行用药指导（表5-3）。
2. 正确调配处方并能对糖尿病患者进行用药指导（表5-4）。

表5-3　抗高血压药项目评分表

| 项目分类 | 评分标准 | 分值 | 扣分 | 得分 | 备注 |
|---|---|---|---|---|---|
| 收方、审方、调配处方 | 按规范调配 | 20分 | | | |
| 进行高血压病常见症状的说明 | 说错一个症状扣5分<br>发现并纠正对方错误的能力，按纠错比例得分 | 30分 | | | |
| 进行高血压病患者的用药指导 | 说错一个用药指导扣5分 | 40分 | | | |
| 完成时间 | 超时一分钟扣1分，至本项分扣完 | 10分 | | | |
| 被考核人 | | 得分 | | | |

表 5-4 糖尿病的药物治疗技能考核评分表

| 项目分类 | 评分标准 | 分值 | 扣分 | 得分 | 备注 |
|---|---|---|---|---|---|
| 收方、审方、调配处方 | 按规范调配 | 20 分 | | | |
| 进行糖尿病治疗原则的说明 | 说错一个症状扣 5 分<br>发现并纠正对方错误的能力，按纠错比例得分 | 30 分 | | | |
| 进行糖尿病治疗方案的说明 | 说错一个用药指导扣 5 分 | 40 分 | | | |
| 完成时间 | 超时一分钟扣 1 分，至本项分扣完 | 10 分 | | | |
| 被考核人 | | 得分 | | | |

# 任务三 中 药 销 售

 活动一 中药处方药

中药处方药是医师根据患者疾病，为其预防或治疗需要而开出的中药药品。是中药调剂人员调剂中药的依据，也是依法经营、计价、统计的依据。

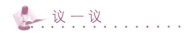 议 一 议 ·······

中药处方药有哪些？

## 一、中药处方药的分类

中药处方药包括所有的中药饮片及部分中成药。

《中国药典》"凡例"中对中药饮片做出了新的定义："饮片系指药材经过炮制后可直接用于中医临床或制剂生产使用的处方药品"。

中成药是指以中药材为原料，在中医药理论指导下，按规定处方和标准制成一定剂型的现成药物。有传统的膏、丹、丸、散，也有现代的胶囊剂、片剂、微丸、缓释制剂、速效制剂等各种剂型。其功能主治涵盖内、外、骨伤、妇、儿、皮肤及五官科等各类病症。中成药大多数为非处方药，小部分为处方药。

**知识拓展**

中成药处方的来源有：

（1）历代医药文献。如《伤寒杂病论》《黄帝内经》《千金翼方》等。

（2）验方。指历代文献中未经收载而民间流传很广的、有效的经验方，内容丰富，世代相传沿用。

（3）新研制方。通过研究试制，经国家药监局批准生产的一类中成药。

## 二、中药饮片的调配

（1）收方　从顾客处接收处方。

（2）审方　有执业药师或药师以上药学技术人员负责处方的审核如姓名、性别、年龄、中药名称、剂量、处方中用药是否合理，是否有药物配伍禁忌，保证用药安全。

（3）计价收费　计算每味药的价格、每贴药的价格和总价。

（4）调配处方　配方人按处方调配，进行复审处方、摆称量盘、称量、分装，每味中药称好后按顺序放置，以便核对。

（5）核对检查　仔细核对处方药品与调配药品、剂数是否一致，保证不会出错。复核无误后签字。

（6）包药　将调配并核对好的中药按剂包好。需特殊煎煮的中药（如包煎、另煎、先煎、后下）应单独包，并在小包上注明用法，一并包入。

（7）发药　应认真核对顾客的姓名，同时向顾客说明需要注意的问题。

（8）礼貌道别。

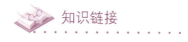

**知识链接**

表5-5　中药十八反

| 药物 | 配伍禁忌 |
|---|---|
| 乌头 | 瓜蒌、半夏、贝母、白蔹、白芨 |
| 甘草 | 海藻、大戟、甘遂、芫花 |
| 藜芦 | 沙参、人参、丹参、苦参、玄参、细辛、芍药 |

表 5-6　中药十九畏

| 药物 | 配伍禁忌 |
| --- | --- |
| 水银 | 砒霜 |
| 硫黄 | 芒硝 |
| 狼毒 | 密陀僧 |
| 巴豆 | 牵牛 |
| 丁香 | 郁金 |
| 牙硝 | 三棱 |
| 犀角 | 草乌、川乌 |
| 人参 | 五灵脂 |
| 肉桂 | 赤石脂 |

 活动二　中成药的分类

中成药的配方是固定的。每一品种都有特定的功效和主治病症。中成药主要依据功能分类，分为内科用药、外科用药、妇科用药、儿科用药、耳鼻喉科用药等。

### 一、内科用药

1. 感冒类

辛温解表：九味羌活丸（颗粒）、感冒清热颗粒、午时茶颗粒等。

辛凉解表：桑菊感冒片、小柴胡颗粒、银翘解毒丸（颗粒、片）、双黄连颗粒、板蓝根颗粒等。

表里双解：防风通圣丸（颗粒）、葛根芩连片等。

扶正解表：玉屏风颗粒等。

代表药举例：

**银翘解毒片**

【处方组成】淡豆豉、金银花、薄荷脑、桔梗、甘草、牛蒡子、连翘、淡竹叶、荆芥穗。

【功能主治】辛凉解表，清热解毒。用于风热感冒，发热头痛，咳嗽，口干，咽喉疼痛。

【用法用量】口服。一次4片，一日2~3次。

【注意事项】

（1）风寒感冒者不适用，其表现为恶寒重，发热轻，无汗，头痛，鼻塞，流清涕，喉痒咳嗽。

（2）脾胃虚寒，症见腹痛、喜暖、泄泻者慎用。

2. 止咳、平喘类

散寒止咳：通宣理肺丸（颗粒、胶囊、片）。

清肺止咳：蛇胆川贝液、橘红丸（颗粒、胶囊、片）。

润肺止咳：养阴清肺丸。

清肺平喘：蛤蚧定喘丸。

代表药举例：

### 蛇胆川贝液

【处方组成】川贝母、蛇胆汁。

【功能主治】清肺，止咳，除痰。用于肺热咳嗽，痰多。

【用法用量】口服，一次1~2粒，一日2~3次。

【注意事项】

（1）忌食辛辣、油腻食物。

（2）该药品适用于肺热咳嗽，其表现为咳嗽，咳痰不爽，痰黏稠。

（3）支气管扩张、肺脓肿、肺心病、肺结核患者应在医师指导下服用。

（4）服用一周病证无改善，应停止服用，去医院就诊。

（5）服药期间，若患者出现高热，体温超过38℃，或出现喘促气急者，或咳嗽加重，痰量明显增多者应到医院就诊。

（6）孕妇、体质虚弱者慎用。

3. 胃痛类

胃寒胃痛：温胃舒冲剂。

气滞胃痛：三九胃泰（胶囊）、胃苏颗粒、左金丸（肝火犯胃）、胆宁片。

食积胃痛：大山楂丸、保和丸。

脾胃气虚：香砂养胃丸、枳术丸、养胃舒颗粒（胃阴虚）。

脾胃虚寒：小建中汤合剂。

代表药举例：

## 香砂养胃丸

【处方组成】木香、砂仁、白术、陈皮、茯苓、半夏、香附、枳实、豆蔻、厚朴、广藿香、甘草。

【功能主治】温中和胃。用于不思饮食，呕吐酸水，胃脘满闷，四肢倦怠。

【用法用量】口服。一次 9 g，一日 2 次。

【注意事项】

（1）忌食生冷油腻食物。

（2）胃痛症见胃部灼热、隐隐作痛、口干舌燥者不宜服用本药。

4. 腹泻类

寒湿腹泻：藿香正气水（口服液）、保济丸

湿热腹泻：香连丸

食积腹泻：保和丸

脾虚腹泻：参苓白术丸。

代表药举例：

## 保 济 丸

【处方组成】钩藤、菊花、蒺藜、厚朴、木香、苍术、天花粉、广藿香、葛根、茯苓、薄荷、化橘红、白芷、薏苡仁、神曲茶、稻芽。

【功能主治】解表，去湿，和中。用于腹痛腹泻，噎食嗳酸，恶心呕吐，肠胃不适，消化不良，晕车船，四时感冒，发热头痛。

【用法用量】口服，一次 1.85~3.7 g，一日 3 次。

【注意事项】

（1）忌食生冷油腻不易消化的食物。

（2）外感燥热者不宜服用。

（3）孕妇忌服。

5. 清热类

清热泻火：黄连上清丸（颗粒、胶囊、片）、牛黄解毒丸（胶囊、软胶囊、片）、牛黄上清丸（胶囊、片）。

清热解毒：双黄连合剂（颗粒、胶囊、片）、银黄颗粒（片）、板蓝根颗粒。

清肝解毒：护肝片（胶囊、颗粒）。

清热祛湿：茵栀黄颗粒（口服液）。

6. 祛暑类

保济丸、藿香正气水、十滴水。

7. 开窍类

安宫牛黄丸、苏合香丸。

8. 固涩类

补肾缩尿：缩泉丸（胶囊）。

9. 虚证类

补气：补中益气丸（颗粒）、参苓白术散（丸、颗粒）、人参健脾丸、玉屏风颗粒（口服液）。

补血：归脾丸（合剂）、首乌丸。

补阴：六味地黄丸、知柏地黄丸、大补阴丸、二至丸、左归丸。

补阳：金匮肾气丸（片）、桂附地黄丸、肾宝合剂。

气血双补：八珍丸、十全大补丸。

阴阳双补：五子衍宗丸。

10. 安神类

重镇安神：朱砂安神丸。

养心安神：柏子养心丸、养血安神片（丸）、天王补心丸、刺五加片。

11. 理气类

丹栀逍遥丸、逍遥丸（颗粒）、气滞胃痛颗粒（片）、胃苏颗粒、元胡止痛片（胶囊、颗粒、滴丸）、三九胃泰颗粒。

## 二、外科用药

消炎利胆片（颗粒、胶囊）、马应龙麝香痔疮膏、季德胜蛇药片、连翘败毒丸（膏、片）、如意金黄散、排石颗粒、内消瘰疬丸、梅花点舌丸、小金丸、风油精、三黄膏、烧伤药膏、六应丸、红花油等。

代表药举例：

### 红 花 油

【处方组成】丁香罗勒油、水杨酸甲酯、姜樟油、肉桂油、桂皮醛、柠檬醛、冰片。

【功能主治】属祛风外用药，用于风湿骨痛，跌打扭伤，外感头痛，皮肤瘙痒等。

【用法用量】外用，涂擦患处，一日4~6次。

【注意事项】

（1）皮肤、黏膜破损处禁用。

（2）皮肤过敏者停用。

（3）禁止内服。

### 三、妇科用药

妇科十味片、益母草膏（颗粒、胶囊、片）、妇科千金片（胶囊）、艾附暖宫丸、八珍益母丸（胶囊）、乌鸡白凤丸（胶囊、片）、更年安片、乳癖消片、逍遥丸、加味逍遥丸、定坤丹、益母草膏（口服液）、固经丸、香附丸、当归丸、宫泰颗粒、千金止带丸等。

代表药举例：

#### 益 母 草 膏

【组成】益母草。

【功能主治】活血调经。用于月经量少，产后腹痛。

【用法用量】口服，一次10克，一日1~2次。

【注意事项】

（1）孕妇禁用。

（2）忌食生冷食物。

（3）气血两虚引起的月经量少，色淡质稀，伴有头晕心悸，疲乏无力等不宜选用本药。

（4）青春期少女及更年期妇女应在医师指导下服用。

（5）各种流产后腹痛伴有阴道出血应去医院就诊。

### 四、眼科用药

明目上清片、明目地黄丸、石斛夜光丸、珍珠明目液、硫酸锌尿囊素滴眼液（润舒）等。

代表药举例：

#### 硫酸锌尿囊素滴眼液

【处方组成】硫酸锌、尿囊素。

【功能主治】用于慢性结膜炎、春季结膜炎、沙眼。

【用法用量】滴眼。一日5~6次，一次2~3滴。

【注意事项】

（1）连用3~4日，症状未缓解者应咨询医师或药师。

（2）在使用过程中，如发现眼红、疼痛等不适症状应停药就医。

（3）孕妇及哺乳妇女慎用。

（4）滴眼时请勿使管口接触手和眼睛，使用后应将瓶盖拧紧，以免污染药液。开盖后妥善使用与保存，1个月内用完。

### 五、耳鼻喉科

1. 耳病

滋肾平肝：耳聋左慈丸。

2. 鼻病

宣肺通窍：鼻炎康片。

清热通窍：藿胆丸（片、滴丸）。

3. 咽喉病

化痰利咽：黄氏响声丸、金果饮（含片）、清咽丸。

代表药举例：

#### 黄氏响声丸

【处方组成】薄荷、浙贝母、连翘、蝉蜕、胖大海、大黄（酒炙）、川芎、儿茶桔梗、诃子肉、甘草、薄荷脑。辅料为药用炭、蜂蜜、虫白蜡。

【功能主治】疏风清热、化痰散结、利咽开音、本品用于声音嘶哑、咽喉肿痛、咽干灼热、咽中有痰、或寒热头痛、或便秘尿赤，急、慢性喉炎。

【用法用量】口服。一次6丸（每丸重0.133 g），一日3次，饭后服用。

【注意事项】

（1）忌辛辣、鱼腥食物。

（2）孕妇慎用。

（3）凡声嘶、咽痛、兼见恶寒发热、鼻流清涕等外感风寒者慎用。

（4）不宜在服药期间同时服用温补性中成药。

（5）胃寒便溏者慎用。

（6）声哑、咽喉痛同时伴有其他症状，如心悸、胸闷、咳嗽气喘、痰中带血等，应及时去医院就诊。

（7）用于声带小结、息肉之初起，凡声带小结，息肉较重者应当在医生指导下使用。

（8）服药10天后症状无改善，或出现其他症状，应去医院就诊。

### 六、骨科用药

活血化瘀：接骨七厘片、云南白药（胶囊、膏、酊、气雾剂）、三七片。

活血通络：活血止痛散（胶囊）、舒筋活血丸（片）、颈舒颗粒、伤湿止痛膏、跌打丸。

补肾壮骨：仙灵骨葆胶囊。

代表药举例：

---

#### 云南白药胶囊

**【组成】**略（保密方）

**【功效主治】**化瘀止血，活血止痛，解毒消肿。用于跌打损伤，淤血肿痛，吐血、咯血、便血、痔血、崩漏下血，手术出血，疮疡肿毒及软组织挫伤，闭合性骨折，支气管扩张及肺结核咯血，溃疡病出血，以及皮肤感染性疾病。

**【用法用量】**口服，一次 0.25~0.5 g，一日 4 次。

**【注意事项】**

（1）服药一日内，忌食蚕豆、鱼类及酸冷食物。

（2）孕妇忌用；过敏体质者忌用。

---

# 任务四　常见病的用药指导

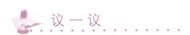 议一议

小李同学昨晚淋雨，今早头晕头痛、打喷嚏、流清鼻涕，请问如何用药？

 **活动一　呼吸系统疾病用药指导**

### 一、急性上呼吸道感染

1. 病因和诱发因素

急性上呼吸道感染 70%~80% 由病毒引起，常见的病毒有鼻病毒、腺病毒、流感病毒、柯萨奇病毒等；该病预后良好，有自限性，一般 5~7 天痊愈。

2. 临床表现

（1）病毒性上呼吸道感染　以鼻咽部卡他症状为主要表现。起病较急，初期有咽干、咽痒或烧灼感，发病同时或数小时后，可有喷嚏、鼻塞、流清水样鼻涕，2~3 天后鼻涕变稠。

可伴咽痛，有时由于耳咽管炎使听力减退，也可出现流泪、味觉迟钝、呼吸不畅、声嘶、偶有咳嗽等。一般无发热及全身症状，或仅有低热、不适、轻度畏寒和头痛。检查可见鼻腔黏膜充血、水肿、有分泌物，咽部轻度充血。如无并发症，一般经 5~7 天痊愈。

其他病毒感染表现：病毒性咽炎、喉炎等。

（2）细菌性上呼吸道感染　主要表现为细菌性咽炎、扁桃体炎。

3. 并发症

如不及时治疗，常继发支气管炎、肺炎。

4. 治疗要点

（1）一般治疗　① 居住环境要注意清洁、安静、光线充足，定时开窗换气，避免对流风。② 注意充分休息，高热时卧床休息。③ 给予清淡、高热量、高维生素、易消化的饮食，鼓励多喝水。避免刺激性食物，戒烟、酒。④ 进食后漱口，加强口腔护理。注意口腔、鼻及眼的局部清洁。⑤ 流感患者需要隔离，以防止交叉感染。

（2）对症处理　① 发热、头痛、全身肌肉酸痛者：可给予解热镇痛药，如阿司匹林、对乙酰氨基酚、日夜百服宁等；② 鼻塞者：可用 1% 麻黄碱滴鼻；③ 咳嗽明显者：一般不用镇咳药，常用祛痰止咳药物；④ 频繁喷嚏、流涕者：给予抗过敏药物；⑤ 咽痛者：可用淡盐水漱口、含服消炎喉片；⑥ 声嘶者：可进行局部雾化疗法。

（3）抗感染治疗　① 广谱抗病毒治疗：如利巴韦林对流感病毒、呼吸道合胞病毒等均有较好的抑制作用；吗啉胍（ABOB）对流感病毒和腺病毒等有一定疗效。② 一般不用抗菌药物，如合并细菌感染，临床上常用青霉素、头孢菌素、大环内酯类或喹诺酮类抗菌药物。

 知识链接

## 感冒治疗三大误区

（1）输液。只要一感冒发烧，到医院必挂上"吊瓶"。普通上感只要不脱水，原则是能用口服药尽量用口服药，否则易产生诸如血管炎等并发症，大量输液体还会增加心脏负担，甚至引起心力衰竭。

（2）激素。激素的使用有严格的适应证和禁忌证，但有些医生为了退热快，见发热就使用激素，但激素的副作用很多，可以引起肥胖（病理性）、骨质疏松等，尤其对发育期儿童来说弊大于利，可以说是得不偿失。

（3）抗菌。很多发热是由病毒引起的，抗菌药物没有作用。即使是细菌感染也应做细菌敏感试验后才能使用相应的抗菌药。但现在很多医生一开始治疗就用抗菌药，而且开始就是"菌必治""复达欣"等强力广谱抗菌药，加重了患者的经济负担，还易引起体内正常的菌群失调。更可怕的是，如此强烈的抗菌药，很容易产生耐药性，以后使用较温和的药很难达到疗效。

5. 健康指导

（1）增强机体自身抗病能力。

（2）避免发病诱因，生活有规律，避免过劳。注意呼吸系统疾病病人的隔离，防止交叉感染。

（3）避免与患者接触，在上呼吸道感染流行季节尽量不去公共场所，必要时可戴口罩或服用板蓝根、大青叶等中药预防。

（4）及时治疗容易诱发上呼吸道感染的疾病，如营养不良、锌缺乏等。

## 二、慢性支气管炎

1. 病因和诱发因素

（1）吸烟　为重要的发病因素。

（2）感染　病毒、细菌和支原体感染是本病急性加重和导致并发症的重要因素。

（3）空气污染　大气中的刺激性烟雾、职业性粉尘、有害气体等可对支气管黏膜造成损伤，致使纤毛清除功能下降，分泌物增加等。

（4）其他　寒冷和环境温度剧变，尘埃、尘螨、细菌、寄生虫、花粉等过敏以及自主神经功能失调等。

2. 临床表现

慢性支气管炎的主要临床表现可概括为咳、痰、喘、炎四个字。

（1）慢性咳嗽　长期、反复、逐渐加重的咳嗽是本病的突出表现。

（2）咳痰　一般痰呈白色黏液泡沫状，晨起较多

（3）气喘　当合并呼吸道感染时，由于细支气管黏膜充血水肿，痰液阻塞及支气管管腔狭窄，可以产生气喘（喘息）症状。

（4）反复感染　寒冷季节或气温骤变时，容易发生反复的呼吸道感染。

（5）呼吸困难　早起仅在体力劳动或上楼时有呼吸困难，发生肺气肿时呼吸困难逐渐加重。

3. 并发症

可并发阻塞性肺气肿、自发性气胸、慢性肺源性心脏病等。

4. 治疗要点

（1）急性加重期　① 积极控制感染：选用有效抗感染药物，如青霉素类，第 2、3 代头孢菌素类、大环内酯类或喹诺酮类药物。能单独用一般抗生素时应尽量避免使用广谱抗生素，以免二重感染或产生耐药菌株。② 镇咳祛痰：常用药物有氯化铵合剂、溴己新、喷托维林等。③ 解痉、平喘：常选用氨茶碱、特布他林等口服药，或用沙丁胺醇等吸入剂。若气道舒张剂使用后气道仍有持续阻塞，可使用皮质激素，泼尼松 20～40 mg/日。④ 气雾疗法：气雾湿化吸入或加复方安息香酊，可稀释气管内的分泌物，有利排痰。如痰液黏稠不易咳出，目前超声雾化吸入有一定帮助，亦可加入抗生素及痰液稀释剂。

（2）稳定期　①一般治疗：教育和劝导病人戒烟，脱离污染环境，积极防治呼吸道感染，防止疾病发展和防治并发症。②对症治疗：给予祛痰药和支气管舒张药。③康复治疗：加强呼吸肌锻炼。

 知识链接

### "慢支"用药误区

误区一："青睐"打点滴（静脉输液）

有些病人认为，打点滴比口服给药起效更快，疗效更为显著，因此常向医生要求打点滴。

误区二：采取所谓"预防性用药"

很多病人一旦感到不适，便擅自预防性地服用抗菌药，希望能够及时阻止"慢支"病情加重。

误区三：胡乱选用抗菌药

在未经检查的情况下，病人凭经验自行选用抗菌药，甚至多种药物合用，导致药物疗效下降，甚至出现多重感染。

误区四：不断加大抗菌药用量

随着用药时间的延长，疗效降低，有些"慢支"病人便随意加大抗菌药用量，以致引起不良反应。

 知识拓展

### 腹式呼吸操

预备姿势：立正，一手放于胸部，一手放于腹部。

（1）双脚分开，全身放松。

（2）用鼻吸气时腹部用力鼓起。

（3）用口呼气时用力收缩腹部。

注意事项：吸气与呼气时间之比为 1：2，可以平卧做。速度要慢，要有节律，每次 10~15 min，每分钟 7~8 次。

5. 健康指导

（1）在气候变化和寒冷季节，注意及时添减衣服，避免受凉感冒。

（2）劝导吸烟者戒烟　慢性支气管炎患者不但要首先戒烟，而且还要避免被动吸烟，可参加文体活动或外出旅游，以分散注意力。

（3）保持良好的家庭环境卫生，室内空气流通新鲜。

（4）加强体育锻炼，增强体质，提高呼吸道的抵抗力，可散步、慢跑、打太极拳等。

（5）饮食指导　鼓励摄入高热量、高蛋白、高维生素的易消化食物，避免进食胀气食物和油腻、辛辣等刺激性食物。

### 三、肺炎球菌性肺炎

1. 病因和诱发因素

（1）病因　致病菌为肺炎球菌。

（2）诱发因素　吸烟、酗酒、受寒、淋雨、劳累，吸入有害气体，长期卧床、意识不清，长期使用肾上腺皮质激素、免疫抑制剂或抗肿瘤药物，镇静药过量，全身麻醉大手术等。

2. 临床表现

（1）发病前常有受凉、淋雨、疲劳、酗酒、病毒感染史，多有上呼吸道感染的前驱症状。

（2）起病多急骤，高热、寒战，全身肌肉酸痛，体温通常在数小时内升至 39~40℃，高峰在下午或傍晚，或呈稽留热，脉搏随之增加。可有患侧胸部疼痛，放射到肩部或腹部，咳嗽或深呼吸时加剧。

（3）痰少，可带血或铁锈色。

（4）食欲差，偶有恶心、呕吐、腹痛或腹泻，易被误诊为急腹症。

3. 并发症

感染性休克、胸膜炎、脓胸、肺脓肿、心包炎、心力衰竭和呼吸衰竭等。

4. 治疗要点

（1）抗感染　青霉素是首选药物，其他有效的药物包括头孢菌素类，红霉素和克林霉素等。

（2）对症治疗　包括卧床休息，补充足够的蛋白质、热量和维生素，鼓励多饮水。针对高热患者以物理降温为主，必要时使用退热药。

5. 健康指导

（1）加强耐寒锻炼，增加营养，保证充足睡眠。

（2）戒烟酒，避免受寒、过劳等诱发因素。

（3）坚持治疗慢性基础疾病，预防感染。

（4）宜进高热量、高蛋白、高维生素、易消化的饮食，多饮水。

### 四、支气管哮喘

1. 病因和诱发因素

（1）病因　哮喘的确切病因还不十分清楚，包括宿主因素（遗传因素）和环境因素两个方面。遗传因素在很多患者身上都可以体现出来。

（2）诱发因素　还不完全清楚。支气管哮喘可分为外源性和内源性两类，外源性哮喘的发病过程中Ⅰ型变态反应起着主导作用，内源性哮喘的诱因为非致敏因素。

变态反应、气道炎症、气道反应性增高及神经等因素及其相互作用被认为与哮喘的发病关系密切。

2. 临床表现

哮喘患者的常见症状是发作性喘息、气急、胸闷或咳嗽等，少数患者以胸痛为主要表现。

3. 疾病危害

哮喘反复发作可导致慢性阻塞性肺疾病、肺气肿、肺心病、心功能衰竭、呼吸衰竭等并发症。

4. 治疗要点

（1）预防为主　避免接触过敏源及其他哮喘触发因素，去除病因及诱因。

（2）平喘药物治疗　① 联合应用平喘药：轻者可吸入 $\beta_2$-受体激动剂（沙丁胺醇和特布他林等）；中度哮喘患者吸入 $\beta_2$-受体激动剂，同时加大丙酸培氯米松的吸入；重度至危重患者吸入平喘药，待哮喘控制或缓解后再逐渐减量并改为口服，有必要时加用雾化吸入抗胆碱药。② 治疗哮喘的药物可以分为控制药物和缓解药物。如激素、氨茶碱和控（缓）释型茶碱、吸入性激素是控制哮喘的首选药物。③ 总的原则是应用最少的药物达到完全控制哮喘症状的目的。

（3）对症治疗　有痰者可用祛痰药（溴己新、盐酸氨溴索等）。

（4）控制感染（有感染表现时用）　① 原则：选择有效抗菌药物、足量早用。② 药物：头孢菌素、青霉素类、喹诺酮类均可选用。

（5）中医治疗　可用的中成药有小青龙颗粒、苏子降气丸和消咳喘片等。

5. 健康指导

（1）确定并减少与危险因素接触。

（2）哮喘是一种慢性疾病，很多患者需要长期治疗。

练一练

售　药　练　习

1. 注意自身角色定位，不得以医生口吻说话，禁止有"你是……病""看来像……病"等诊断性语言。

2. 根据症状推荐适宜的非处方药，并且告知若症状没有好转，甚至加重要尽快去医院就诊，以免耽误病情。

3. 若已去医院确诊，可按处方要求详细介绍药品使用方法。

 **知识链接**

#### 问 病 售 药

"问病售药"是药店为广大群众提供药学服务的重要方式之一，指不需医生处方而根据患者所求，由具有一定医药理论水平和实践经验的药学技术人员，凭患者主述病症和问、望后售出对症的非处方药，并指导患者合理用药的过程。

问病内容：问病症，问病前，问病后，问特殊情况等。

问病要点：态度亲切、注意语言技巧、边问边听边思考。

 ## 活动二　消化系统疾病用药指导

### 一、胃肠炎

1. 急性胃肠炎

急性胃肠炎是一种十分常见的急性胃肠道疾病。

（1）病因和诱发因素

1）生物因素：致病微生物及其毒素通过不洁饮食摄入可引起胃炎。

2）理化因素

药物：最常见的药物因素是非甾体类抗炎药，如阿司匹林、吲哚美辛等。

乙醇：高浓度的乙醇、大量酗酒可增加胃酸分泌，并直接损害胃黏膜，导致黏膜糜烂和出血。

浓茶、咖啡、刺激性调味品等。

物理因素：过冷或过热及粗糙饮食，可直接损伤胃黏膜。

3）急性应激：胃黏膜屏障由此受损。严重者可发生急性溃疡，又称应激性溃疡。

（2）临床表现　由于病因不同，临床表现不尽一致。轻者无明显症状或仅有轻微的腹泻和上腹部不适，表现为恶心、呕吐等，严重者可致脱水、电解质紊乱、休克等，病人多表现为恶心、呕吐在先，继而腹泻，每日 3~5 次甚至数十次不等，大便多呈水样，深黄色或绿色，恶臭，可伴有腹部绞痛、发热、全身酸痛等症状。急性糜烂出血性胃炎可引起呕血与便血，大量出血者可发生晕厥或休克。

（3）并发症　因为腹泻和呕吐所引发的脱水现象，是胃肠炎的一种严重并发症。

（4）治疗要点

1）药物治疗：视病情给予抗生素，抗菌药对本病的治疗作用是有争议的。对于感染性腹泻，可适当选用有针对性的抗菌药，如小檗碱 0.3 g 口服，1 日 3 次或庆大霉素 8 万 u 口服，1 日 3 次等。但应防止抗菌药滥用。还可用 $H_2$ 受体拮抗剂、质子泵抑制剂、硫糖铝或米索前列醇等。

2）对症处理：腹痛严重者可用解痉药（阿托品或山莨菪碱）；呕吐剧烈者暂禁食或进流质饮食，也可用甲氧氯普胺，并纠正水、电解质和酸碱平衡的紊乱；呕血和便血时，需要补充血容量，采用止血措施或用止血药。

3）积极治疗原发病，去除可能的致病因素。

4）中医治疗：可用中成药治疗，如藿香正气水等。

（5）预防措施

1）夏季急性胃肠炎除了注意饮食卫生、勤洗手外，家庭用品消毒也很重要，尤其注意餐具卫生。

2）不食不洁净的瓜果。

3）对冷食和辣食等刺激性食物避免进食过量。

2. 慢性胃炎

慢性胃炎是指各种病因引起的胃黏膜慢性炎症。

（1）病因和诱发因素

1）幽门螺杆菌（Hp）感染：幽门螺杆菌感染是浅表性胃炎的最主要病因，并与慢性多灶萎缩性胃炎的发生密切相关。

2）饮食因素：高盐饮食或缺乏新鲜蔬菜、水果的饮食习惯与慢性胃炎的发生密切相关。

3）自身免疫：自身免疫性胃炎病人血清中存在壁细胞抗体和内因子抗体，可破坏壁细胞，使黏膜受损萎缩，胃酸分泌减少或缺失。

4）理化因素：长期饮浓茶、酒、咖啡，食用过热、过冷、过于粗糙的食物，服用非甾体类抗炎药以及各种原因引起的十二指肠液反流均可损害胃黏膜。

（2）临床表现

1）一般表现：病程迁延，发作期和缓解期交替出现，症状的轻重与胃黏膜病变程度并不一致。多数病人无明显症状；部分可有上腹隐痛、饱胀不适、食欲缺乏、嗳气、反酸等非特异性消化道症状，进餐后更甚。

2）其他表现：少数伴黏膜糜烂者可有明显上腹痛，并可发生少量出血。自身免疫性胃炎病人可出现明显畏食、贫血和体重减轻。

3）体征：多不明显，部分病人可有上腹轻压痛。

4）慢性胃窦炎（B型胃炎）和慢性胃体炎（A型胃炎）的区别（见表5-7）。

表5-7  A型胃炎和B型胃炎的区别

| 区别要点 | B型胃炎 | A型胃炎 |
|---|---|---|
| 病变部位 | 胃窦部 | 胃体部和胃底部 |
| 主要病因 | Hp感染 | 自身免疫反应 |
| 发病率 | 我国多见 | 少见 |
| 消化道症状 | 明显 | 不明显 |
| 实验室检查 | 血清胃泌素水平低下或正常，胃酸可正常、低下、增高 | 血清胃泌素水平低下或正常，胃酸可正常、低下、增高 |

知识链接

胃肠道功能紊乱

胃肠道功能紊乱又称胃肠神经官能症，是一组胃肠综合征的总称。主要诱因是精神因素干扰高级神经的正常活动，进而引起胃肠道的功能障碍。起病多缓慢、病程长，临床表现以胃肠道症状为主，有情绪变化则症状加重。

（3）治疗要点

1）病因治疗：幽门螺杆菌感染的慢性胃炎，应根治Hp；非甾体类抗炎药引起者应停药，并给予抗酸药；胆汁反流所致者可用氢氧化铝凝胶吸附，或给予硫糖铝和促胃肠动力剂中和胆盐防止反流。甲型胃炎用小剂量激素治疗。

2）对症治疗：腹痛严重者可用解痉药（阿托品或山莨菪碱）。饱胀不适可用多潘立酮、西沙必利等促胃肠动力剂。自身免疫性胃炎有恶性贫血者需肌内注射维生素$B_{12}$。胃酸缺乏致消化不良者可用胃酶合剂、多酶片等。

3）中医治疗：中医认为胃痛的发生与饮食劳倦、情志所伤等关系最为密切。可用中成药治疗，如猴菇菌片、香砂养胃丸、胃苏颗粒等。

（4）预防措施

饮食应避免粗糙、浓烈香辛和过热，以减轻对胃黏膜的刺激。多吃新鲜蔬菜、水果，尽可能少吃或不吃烟熏、腌制食物，减少食盐的摄入量。

二、消化性溃疡

1. 病因和诱发因素

（1）幽门螺杆菌感染  Hp感染是慢性胃炎的主要病因。

（2）药物因素　某些解热镇痛药、抗癌药等，如吲哚美辛、阿司匹林、肾上腺皮质激素，氟尿嘧啶、氨甲蝶呤等被列为致溃疡因素药物。

（3）遗传因素。

（4）其他　吸烟、寒冷和环境温度剧变等也可诱发。

（5）精神因素　根据现代的心理-社会-生物医学模式观点，消化性溃疡属于典型的心身疾病范畴之一。心理因素可影响胃液分泌。

2. 临床表现

典型的消化性溃疡有慢性过程、周期性发作和节律性上腹痛三大特点。大多以上腹部起病，少数可无症状或以出血、穿孔等并发症为首发症状。

（1）主要症状是上腹部疼痛（表5-8）。

表5-8　胃溃疡和十二指肠溃疡的疼痛特点

| 疼痛特点 | 胃溃疡 | 十二指肠溃疡 |
|---|---|---|
| 性质 | 持续性钝痛、灼痛或饥饿样不适感 | 同左 |
| 程度 | 轻至中度 | 同左 |
| 部位 | 中上腹或偏左 | 中上腹或偏右 |
| 时间 | 餐后痛：餐后0.5~1 h出现，至下次餐前消失；夜间痛少见 | 空腹痛：餐后3~4 h出现，持续至下次进餐后才缓解；夜间痛多见 |
| 节律 | 进餐-疼痛-缓解 | 疼痛-进餐-缓解 |

（2）消化性溃疡还常出现胃灼热（烧心）或打嗝等症状。

（3）呕血、血便等也是消化性溃疡常见的症状。

（4）穿孔　不管是胃溃疡还是十二指肠溃疡，当溃疡加深时，都可能突破胃壁或肠壁（穿孔）。

（5）其他　常有上腹饱胀、嗳气、反酸、恶心、呕吐等消化道症状。

3. 并发症

可并发幽门梗阻、穿孔所致急性及慢性腹膜炎、癌变（少数胃溃疡可发生）。

4. 治疗要点

（1）降低胃酸的药物治疗　常用药物有抗酸药、组胺受体拮抗剂和质子泵抑制剂三大类。

（2）保护胃黏膜治疗　常用药有硫糖铝、枸橼酸铋钾和前列腺素类药物。

（3）根除幽门螺杆菌治疗

（4）中医治疗　中医认为本病由于肝郁气滞、损伤胃阴、阴损及阳。可用中成药有香砂养胃丸、加味左金丸等。

5. 健康指导

（1）向病人及亲属介绍疾病的相关知识，如何去除病因，定期门诊复查。

（2）养成良好的生活习惯，注意劳逸结合，保证充足的睡眠。

（3）饮食指导 进食应定时、定量；注意细嚼慢咽；少量多餐；避免过饱饮食；选择营养丰富、易消化的食物。

## 三、便秘

1. 病因和诱发因素

（1）器质性病变。

（2）功能性便秘病因尚不明确，其发生与多种因素有关，约占 50%，包括：

1）进食量少或食物缺乏纤维素或水分不足，对结肠运动的刺激减少。

2）因工作紧张、生活节奏过快、工作性质和时间变化、精神因素等干扰了正常的排便习惯。

3）结肠运动功能紊乱所致。

4）腹肌及盆腔肌张力不足，排便推动力不足，难于将粪便排出体外。

5）滥用泻药，形成药物依赖，造成便秘。

6）老年体弱、活动过少、肠痉挛导致排便困难，或由于结肠冗长所致。

2. 临床表现

（1）便秘常表现为 便意少，便次也少；排便艰难、费力；排便不畅；大便干结、硬便，排便不净感；便秘伴有腹痛或腹部不适。

（2）部分患者还伴有失眠、烦躁、多梦、抑郁、焦虑等精神心理障碍。

（3）便秘的"报警"征象包括便血、贫血、消瘦、发热、黑便、腹痛等。如果出现报警征象应马上去医院就诊，做进一步检查。

3. 疾病危害

由于便秘是一种较为普遍的症状，症状轻重不一，实际上便秘的危害很大。

（1）便秘在有些疾病如结肠癌、肝性脑病、乳腺疾病、早老性痴呆的发生中起重要作用，这方面有很多研究报告。

（2）便秘在急性心肌梗死、脑血管意外病人身上意外发生可导致生命危险，有很多惨痛事例让我们警觉。

（3）部分便秘和肛肠疾病，如痔、肛裂等有密切的关系。

因此，早期预防和合理治疗便秘将会大大减轻便秘带来的严重后果，改善生活质量，减轻社会和家庭负担。

4. 治疗要点

便秘患者需根据便秘轻重、病因和类型，采用综合治疗，包括一般生活治疗、药物治疗、生物反馈训练和手术治疗，以恢复正常排便生理功能。

（1）生活治疗

1）分析便秘的原因，调整生活方式。养成定时排便的习惯；戒烟酒；避免滥用药。有便意时需及时排便，避免抑制排便。长期、反复抑制排便可导致排便反射阈值升高、便意消失，导致便秘。

2）适量的运动以医疗体操为主，可配合步行、慢跑和腹部的自我按摩。

（2）药物治疗    需在医生指导下使用。

1）泻剂：主要包括润滑性泻剂如开塞露、矿物油或液状石蜡；渗透性泻剂；常用的药物有乳果糖、山梨醇等。

2）促动力剂：莫沙必利、伊托必利有促胃肠动力作用，普卡比利可选择性作用于结肠，可根据情况选用。

（3）手术治疗    对严重顽固性便秘，上述所有治疗均无效，若为结肠传输功能障碍型便秘，病情严重者可考虑手术治疗，但手术的远期效果尚仍存在争议，病例选择一定要慎重。在便秘这个庞大的病症群中，真正需要手术治疗的还是属于极少数。

5. 健康指导

（1）避免进食过少或食品过于精细。

（2）避免排便习惯受到干扰。

（3）避免滥用泻药。

（4）合理安排生活和工作，做到劳逸结合。

练一练

**常见消化系统疾病的"问病售药"练习**

1. 注意 A 型胃炎与 B 型胃炎，胃溃疡与十二指肠溃疡上腹疼痛的区别。

2. 给予消化性溃疡患者健康指导。

3. 注意自身角色定位，不得以医师口吻说话，禁止有"你是……病""看来像……病"等诊断性语言。

4. 只可根据症状推荐适宜的非处方药，并且告知若症状没有好转，甚至加重要尽快去医院就诊，以免耽误病情。

5. 若已去医院确诊，拿外配处方配药，可按处方要求详细介绍药品使用情况。

活动三　皮肤疾病的用药指导

### 一、过敏性皮肤病

1. 病因和诱发因素

过敏性皮肤病主要与遗传因素和环境因素（包括吸入物、食物、药物及感染，甚至气候变化和情绪变化）有关。过敏常有很大的个体差异性，易发生在敏感的个体。

2. 临床表现

（1）荨麻疹　俗称风疹块，是一种常见的皮肤病，荨麻疹分急性和慢性两种。

急性荨麻疹通常先感到全身皮肤瘙痒，随即出现大小不等的风团，呈鲜红色或苍白色。这种风团常突然发生，于数分钟至几小时或十几小时内消退，不留痕迹，一日内可反复发作多次。

慢性荨麻疹一般没有发烧、恶心、呕吐、气喘现象，仅有皮肤风团和瘙痒，病程长达几个月甚至几年。

（2）湿疹　湿疹是一种常见的过敏性皮肤病可分为急性和慢性两种。可发生在身体任何部位，但好发于面部、头部、耳周、小腿、腋窝，肘窝、阴囊、外阴及肛门周围等部位。

急性湿疹常对称分布，皮疹有多种形式，表现为红斑、丘疹、水疱、糜烂、渗液和结痂等。自觉剧痒，抓破后可引起感染。病程为2~3周，但容易转为慢性，且反复发作。

慢性湿疹以四肢多见。表现为皮肤增厚粗糙，可呈苔藓样变，脱屑，色素沉着，自觉剧痒。常可急性发作，病程可达数月至数年。

（3）药疹　药疹是某些药物引起的皮肤过敏反应，主要表现为皮肤红斑、紫癜、水疱及表皮松解、瘙痒疼痛，有时还会伴随低热。

（4）接触性皮炎　接触性皮炎指皮肤接触某种物质后，局部发生红斑、水肿、痒痛感，严重者可有水疱、脱皮等现象出现。能使皮肤产生接触性皮炎的物质有首饰、表链、镜架、凉鞋、化纤布料、外用药、化学品、化妆品等。一旦发现有上述症状，立即寻找导致过敏的物品，并停止接触，容易发生接触性皮炎的人多属于过敏人群。

3. 治疗要点

最主要的原则为去除病因，控制搔抓和避免刺激。

（1）一般治疗　尽量通过详细询问病史和进行全面系统检查，找出病因并去除之（如食物、感染和药物等因素）。应尽力避免各种诱发加重因素。

（2）全身治疗

1）抗组胺药，如苯海拉明、氯苯那敏、异丙嗪、赛庚啶等药物治疗。中药治疗湿疹也有一定的效果。

2）皮质类固醇，泼尼松和地塞米松。应早期、足量使用，湿疹和接触性皮炎一般不主张使用，严重者可短期使用本类药。

3）并发感染：选用与致敏药物结构不同的抗生素。

（3）局部治疗

1）荨麻疹：可外用止痒、消炎药物，如炉甘石洗剂或无极膏等。

2）湿疹：急性期有红肿、丘疹水疱者，用炉甘石洗剂。有红肿渗液者，用3%硼酸溶液湿敷，渗液减少后换用氧化锌油和类固醇皮质激素霜；亚急性期选用皮质类固醇乳剂、糊剂；慢性期可选用软膏、硬膏或涂膜剂。

3）接触性皮炎：皮损早期用炉甘石洗剂、皮质类固醇糊剂或霜剂，有糜烂者用3%硼酸溶液湿敷，若有大疱者需抽疱液后再作湿敷。

4）药疹：面积广泛、无糜烂者，可用大量单纯扑粉或5%硼酸扑粉撒于皮损与床单上。有糜烂、渗液，用3%硼酸溶液或生理盐水湿敷。剥脱性皮炎可外涂乳剂，以保护皮肤。若有大疱应抽去疱液，尽量采用干燥、暴露疗法。

4. 健康指导

（1）养成良好的个人卫生习惯，注意劳逸结合；使用柔软、宽松的棉质内衣；饮食应清淡，多食新鲜蔬菜、水果，多饮水；少食或不食辛辣食品及海鲜。

（2）保持皮肤的清洁卫生；告知病人在瘙痒时，避免用热水烫洗、碱性肥皂洗涤及过度搔抓。

（3）告知病人及其家属不要盲目滥用药物，对已明确的致敏药，不得再用。

（4）服用抗组胺药物期间注意药物的不良反应，应避免从事高空及驾驶等工作，以免发生意外。

### 二、足癣

足癣是指发生于足跖部及趾间的皮肤癣菌感染。足癣是皮肤癣菌病中最常见的疾病，多见于成人，全世界流行。

1. 病因和诱发因素

在足癣发病中，缺乏皮脂腺和穿着封闭性鞋子造成的湿润环境是最重要的因素。主要的致病菌包括红色毛癣菌、须癣毛癣菌、絮状表皮癣菌、断发毛癣菌。多由于卫生条件差、环境潮湿、公共场所相互间传染所致。

2. 临床表现

（1）趾间型足癣　最常见的类型。多见于足多汗、长期穿胶鞋的人群，夏季多发或加重。以4~5和3~4趾间最为常见，皮损表现为趾间红斑、脱屑、皲裂和浸渍，伴瘙痒。严重时可见糜烂和溃疡。

（2）水疱型足癣　在足内侧有水疱和大疱，与癣菌疹反应有关。原发损害以小水疱为主，成群或散状分布，疱壁厚内容物澄清，干燥吸收后出现脱屑。自觉瘙痒严重。

（3）角化型足癣　一侧或双侧足跖弥漫角化过度、红斑、脱屑和皲裂。自觉症状轻微，每到冬季，易发生皲裂、出血、疼痛。常为慢性，治疗较困难。

3. 并发症

足癣极少引起严重的疾病或死亡，但可以作为细菌入侵的门户而引起并发症，包括合并细菌感染、癣菌疹反应、丹毒、蜂窝织炎等。

趾间型足癣具有最高危险性，其次是甲癣，再次是足跖部足癣。

4. 治疗要点

（1）局部治疗　为首选，常用咪唑类药物有1%联苯苄唑、2%咪康唑、1%～3%克霉唑、2%酮康唑、1%益康唑、2%舍他康唑等；丙烯胺类药物有1%萘替芬、1%特比萘芬或1%布替萘芬制剂；其他有2.5%阿莫罗芬、1%环吡酮胺、2%利拉萘酯等，根据不同临床类型选用不同剂型，每日外用1～2次，疗程为4～6周。对于角化型足癣可加用角质剥脱剂，如尿素、水杨酸或乳酸制剂。

（2）系统治疗　对于角化型手足癣或严重趾间型足癣者、外用药物依从性差者、患者要求口服药物者，在无禁忌证情况下，可以口服抗真菌药物治疗。伊曲康唑200 mg，每日2次，疗程1周；儿童每天5 mg/kg。特比萘芬250 mg/d，疗程2周；儿童体重40kg，一日250 mg。氟康唑150～200 mg/次，每周1次，连续4～6周；儿童每周6 mg/kg。

（3）联合治疗　为了提高疗效，降低复发率，不同种类的抗真菌药物可联合应用，局部和局部或局部和系统联合治疗。

（4）足癣继发细菌感染　治疗原则先抗细菌治疗，再抗真菌治疗。局部先外用1∶2 000小檗碱溶液或中药制剂湿敷或洗泡，之后外用依沙吖啶糊剂等。待细菌感染控制之后再外用抗真菌药物。也可同时口服抗菌药物或抗真菌药物治疗。

（5）足癣合并湿疹化　治疗原则为抗过敏治疗同时积极治疗原发真菌感染。可外用含抗真菌药物的糖皮质激素类药物，如曲安奈德益康唑乳膏等。也可以同时口服抗真菌药物。

5. 健康指导

注意个人卫生，经常保持足部干燥。不共用毛巾、浴巾、拖鞋等，洗脚盆、浴缸要经常消毒。袜子要勤更换，不与其他人的袜子一起洗涤以免交叉感染。家庭中其他成员的足癣要同时治疗。治疗足癣的同时及之后可在鞋子内使用抗真菌散剂，部分陈旧的鞋子在治疗后可以弃之。

### 三、痤疮

痤疮俗称青春痘，为慢性炎症性毛囊皮脂腺疾病，是皮肤科最常见的疾病之一。

**1. 病因和诱发因素**

痤疮是一种多因素的疾病，其发病主要与性激素水平、皮脂腺大量分泌、痤疮短棒菌苗增殖，毛囊皮脂腺导管的角化异常及炎症等因素相关。

痤疮好发于青春期的男性和女性，男性略多于女性，但女性发病早于男性。有 80% ~ 90% 的青少年患过痤疮，青春期后往往能自然减退或痊愈，个别患者也可延长到 30 岁以上。

**2. 临床表现**

痤疮好发于面颊、额部、颊部和鼻唇沟，其次是胸部、背部和肩部。痤疮皮损一般无自觉症状，炎症明显时可伴有疼痛，可分为以下几种类型：

（1）粉刺    包括白头粉刺和黑头粉刺。

（2）丘疹    可为粉刺发展而来的炎症性丘疹，皮损为红色丘疹。

（3）脓疱    可在丘疹的基础上形成绿豆大小的脓包。

（4）囊肿结节    如果炎症继续发展，可形成大小不等的暗红色结节或囊肿，挤压时可有波动感。

**3. 并发症**

虽然痤疮是有自愈倾向的疾病，但是痤疮本身以及痤疮治疗不及时引起的痘印和痘疤可以严重影响患者的生活质量，造成患者的精神压力和经济负担。

**4. 治疗要点**

（1）外用药物治疗    包括治疗粉刺的维 A 酸类药物（阿达帕林凝胶），需持续 1~3 个月见效。也可外用抗生素进行抗微生物治疗，例如林可霉素，过氧化苯甲酰等。

（2）内服药物治疗

1）抗生素：中重度痤疮可以联合口服抗生素。抗生素控制炎症迅速有效，但没有防止复发的作用。可用红霉素、克林霉素等。

2）激素：如果患者的皮损与月经周期关系密切，或者查激素水平有异常，可以考虑服用性激素或抗雄性激素进行治疗。如己烯雌酚、黄体酮、复方炔诺酮等。

**5. 健康指导**

（1）首先要调整好心态，保持积极乐观的状态。

（2）少吃动物性脂肪、辛辣油腻的食品及甜食。

（3）要根据皮肤类型，选择合适的面部清洁剂和保湿剂。

（4）坚持在症状较轻时外用药物治疗，症状重时加口服药物控制，以缩短痤疮的自然病程，降低其发生后遗症的可能性（痘印和痘疤）。

（5）不要用手抠或挤压粉刺。

练一练 ··············

常见皮肤病的"问病售药"练习

1. 注意过敏性皮肤病、足癣表现

2. 给予痤疮患者健康指导。

3. 注意自身角色定位，不得以医师口吻说话，禁止有"你是……病""看来像……病"等诊断性语言。

4. 只可根据症状推荐适宜的非处方药，并且告知若症状没有好转，甚至加重要尽快去医院就诊，以免耽误病情。

5. 若已去医院确诊，拿外配处方配药，可按处方要求详细介绍药品使用。

## 活动四　五官科疾病的用药指导

### 一、过敏性鼻炎

过敏性鼻炎即变应性鼻炎，是鼻腔黏膜的变应性疾病，属于Ⅰ型变态反应。可发生于任何年龄，但主要见于 20 岁以下的青少年。

1. 病因和诱发因素

过敏性鼻炎是一种由基因与环境互相作用而诱发的多因素疾病。变应性鼻炎的危险因素可能存在于所有年龄段。

（1）遗传因素　过敏性鼻炎患者具有过敏性体质，通常显示出家族聚集性，已有研究发现某些基因与过敏性鼻炎相关联。

（2）接触过敏源　过敏源主要分为吸入性过敏源和食入性过敏源。吸入性过敏源是过敏性鼻炎的主要诱发原因，如花粉、真菌、尘螨、动物皮屑、尘土等。食入过敏源对婴儿来说，多数是由牛奶和大豆引起的；对成人来说常见的有花生、坚果、鱼、鸡蛋、牛奶、大豆、苹果、梨等。

2. 临床表现

典型四大症状主要是阵发性喷嚏、清水样鼻涕、鼻塞和鼻痒。部分伴有嗅觉减退。

（1）喷嚏　每天数次阵发性发作，每次多于 3 个，多在晨起或者夜晚或接触过敏源后立刻发作。

（2）清涕　大量清水样鼻涕，有时可不自觉从鼻孔滴下。

（3）鼻塞　间歇或持续，单侧或双侧，轻重程度不一。

（4）鼻痒　大多数患者鼻内发痒，花粉症患者可伴眼痒、耳痒和咽痒。

3. 并发症

包括哮喘、鼻息肉、鼻窦炎、过敏性咽喉炎和中耳炎等。

4. 治疗要点

（1）特异性免疫治疗（脱敏治疗）　关键的治疗措施是避免接触变应源。

（2）内服药物治疗　应考虑以下因素：疗效、安全性、费用/效果比等。疗效在不同患者之间可能有差异。

1）抗组胺药：有氯苯那敏、苯海拉明、氯雷他定、酮替芬、特非那定和阿司咪唑等。

2）糖皮质激素：通常选用布地奈德、氟替卡松和糠酸莫米松等。

3）肥大细胞膜稳定剂：包括色甘酸钠、尼多酸钠和曲尼斯特等。

（3）外用滴鼻剂　1%麻黄碱滴鼻液与0.5%可的松眼药水滴鼻。

（4）其他治疗　神经阻断术治疗、等离子治疗技术、中医治疗。

5. 健康指导

正确指导病人适当的休息和睡眠，科学的起居与饮食，尽量避免过敏源，远离宠物。注意鼻腔清洁，经常清洗鼻腔。加强室外体育锻炼，增强体质。

## 二、急性眼结膜炎

急性眼结膜炎是由于病毒中细菌引起的急性传染性眼结膜炎症，又称"红眼病"，主要为接触性传染。

1. 病因和诱发因素

（1）细菌感染及病毒感染等。

（2）环境因素　各种刺激性化合物烟雾、粉尘、不合理使用药物等。空气污染、不良的工作环境等。

2. 临床表现

（1）细菌性眼结膜炎　自感畏光，晨起大量黏液脓性分泌物使上下眼睑粘在一起不易分开。自查眼睑红肿、眼结膜充血发红。

（2）病毒性眼结膜炎　症状同前，其特点是流泪多，而脓性分泌物少，常伴视力低下。

3. 并发症

细菌性眼结膜炎预后较好，病毒性眼结膜炎易并发病毒性角膜炎。

4. 治疗要点

（1）细菌性眼结膜炎　白天眼滴氯霉素等抗生素眼药水数次（1次/1~2小时）；睡前滴金霉素或涂红霉素眼膏（1~2次/日）；严重者口服SMZ—CO、红霉素等抗生素片。

（2）病毒性眼结膜炎　初期用吗啉胍或疱疹净抗病毒眼药水，每日数次，继之可用

0.5%可的松或0.25%地塞米松眼药水点滴，同时应合用氯霉素眼药水和金霉素眼药膏防止合并细菌感染，白天点眼药水，睡前涂眼药膏。若治疗效果不佳，应去医院眼科诊治。

5. 健康指导

本病传染性强，应注意消毒，不要用手揉眼睛，洗浴用品不要共用，防止交叉感染。

### 三、口腔溃疡

口腔溃疡，民间一般称之为"口腔上火"或"口疮"，是一种以周期性反复发作为特点的口腔黏膜局限性溃疡损伤，可自愈，可发生在口腔黏膜的任何部位。

1. 病因和诱发因素

（1）免疫因素　免疫功能低下和免疫缺陷。

（2）遗传因素　口腔溃疡的发病有遗传倾向。

（3）系统性疾病因素　本病与消化系统疾病、内分泌系统疾病、女性月经紊乱有一定关系。

（4）环境因素　心情、工作、食物缺乏某些元素和维生素均可发病。

2. 临床表现

（1）轻型　约占80%，多数患者初发病时均为此型。溃疡一般为3~5个，散在分布。

（2）重型　溃疡大而深，似"弹坑"。愈合后可形成瘢痕或组织缺损，故也称复发性瘢痕性口疮。

（3）疱疹型　亦称口炎型口疮，约占10%。好发于成年女性，部位及病程与轻型相似，但溃疡直径较小，溃疡数目多，可达十几个或几十个，散在分布，似"满天星"。

3. 并发症

可并发牙龈红肿、嘴唇干裂、慢性咽炎、便秘、头痛、头晕、恶心、乏力、烦躁、发热、淋巴结肿大等全身症状。

4. 治疗要点

（1）局部治疗　可用药膜、软膏、含漱液、含片、散剂等局部治疗。如取适量冰硼散敷于口腔溃疡处，每日2~3次；用消毒棉签蘸4万单位庆大霉素注射液轻涂口腔溃疡面，三餐后、睡觉前各涂1次，共4次，一般2~3日痊愈。用消毒棉签蘸云南白药粉末敷患处，一般用药3天后可愈合。

（2）全身治疗　可用肾上腺皮质激素及其他免疫抑制剂。

（3）中医药治疗　昆明山海棠片有良好的抗炎作用。

5. 健康指导

（1）平常应注意保持口腔清洁，常用淡盐水漱口，戒除烟酒，生活起居有规律，保证充足的睡眠。坚持体育锻炼，饮食清淡，多吃蔬菜水果，少食辛辣、厚味的刺激性食品，保持大便通畅。

（2）妇女经期前后要注意休息，保持心情愉快，避免过度疲劳。

（3）有了口腔溃疡不要一概轻视，如有可疑就应及时到医院检查，必要时行病理检查，以明确诊断，再做相应的治疗。切不可粗心大意，延误治疗时机。

 练一练

常见五官疾病的"问病售药"练习

1. 注意细菌性结膜炎与病毒性结膜炎的区别。

2. 给予口腔溃疡患者、慢性咽炎患者健康指导。

3. 注意自身角色定位，不得以医师口吻说话，禁止有"你是⋯⋯病""看来像⋯⋯病"等诊断性语言。

4. 只可根据症状推荐适宜的非处方药，并且告知若症状没有好转，甚至加重要尽快去医院就诊，以免耽误病情。

5. 若已去医院确诊，拿外配处方配药，可按处方要求详细介绍药品使用。

# 任务五　药品销售实训

## 一、实训地点

药店（或模拟药房）

## 二、实训目的

培养学生熟知常见病的各种表现和具备提供用药咨询服务的能力。

## 三、实训材料

药品

## 四、实训内容

（1）两位同学配合，模拟售药。

（2）其中一人扮演顾客描述症状，另一人售药，严格按照之前所学非处方药、处方药等的销售流程进行。

（3）以小组为单位，组织观摩，并且补充及指导。

## 五、实训指导

（1）注意自身角色定位，不得以医师口吻说话，禁止有"你是……病""看来像……病"等诊断性语言。

（2）只可根据症状推荐适宜的非处方药，并且告知若症状没有好转，甚至加重要尽快去医院就诊，以免耽误病情。

（3）若已去医院确诊，拿外配处方配药，可按处方要求详细介绍药品使用。

（4）实训准备要充分，情景设计要合理。

### 附1：各种情景

患者男性，30岁，前几天患感冒，现感冒症状已消除，但出现频繁咳嗽，有痰。拟购一种止咳祛痰药。

患者为学生，最近学习紧张，过度疲劳，昨天又淋雨，出现头痛、高热、全身不舒服，自己判断是感冒，想买抗感冒药。

患者男性，65岁，有多年吸烟史，有慢性支气管炎，冬天快到了，最近咳嗽加重，痰量增多，想买些药。

患者为小儿，感冒了两个星期，一直没有彻底好，突然发高烧、有痰咳嗽伴有胸痛，精神不佳，家长来购药。

患者男性，12岁，有支气管哮喘病史，最近早上有胸闷、咳嗽及呼吸困难的症状，家长说家里已配有平喘药，还想买止咳祛痰药。

患者女性，35岁，经常出现胃部不舒服，上腹疼痛，还有些恶心、吐酸水，不想吃东西，来买胃药。

患者为小儿，吃了一瓶酸奶后出现大便次数增多，但每次量不多，有黏液并伴有发热，家长想买止泻药。

患者男性，40岁，有多年十二指肠溃疡病史，最近天气转凉，想买些药准备在家里。

患者女性，65岁，经常便秘，泡番泻叶喝已经不怎么有用，来买导泻药。

患者女性，15岁，最近身上发起多处红疙瘩，且剧痒，影响休息和睡眠。家长来买药。

患者女性，18岁，脸上有很多青春痘并且已有凹陷的疤痕，过完年又多起来，来买外用药。

患者男性，20岁，近来足趾间表皮发白，剥脱后基底发红，糜烂，瘙痒较重。想买药。

患者男性，11岁，突然开始猛打喷嚏，流清涕，鼻子痒得不行，家长来买感冒药。

患者女性，职业为教师，有多年慢性咽炎病史，近来由于劳累咽部又有不适，想买药。

患者男性，8 岁，晚上在家突然说眼睛痒，睁不开，第二天起床时眼睛分泌物很多，眼睛发红，痒更剧。家长买药。

患者女性，35 岁，经常出现口腔溃疡，最近吃了火锅后，又出现了 3 处，来买药。

附 2：常见病的问病售药评分表（表 5-9）。

表 5-9　常见病的问病售药评分表

| 主要项目 | 考评标准 | 分值 | 加（减）分 | 备注 |
|---|---|---|---|---|
| 态度 | 问病态度和蔼亲切，语言通俗、气氛融洽 | 10 | | |
| 用语 | 注重用语技巧、不引起反感 | 10 | | |
| 问病要点 | 问病要点清楚、全面 | 20 | | |
| 疾病判断 | 疾病判断准确 | 10 | | |
| 推荐药品 | 根据患者症状正确推荐药品 | 10 | | |
| | 准确说出所推荐非处方药（西药、中成药）的依据 | 10 | | |
| | 正确说出推荐药品的用药注意事项 | 10 | | |
| 健康指导 | 根据患者的设计情况，给予准确的健康的指导 | 15 | | |
| 何时就医 | 正确指明何时就医 | 5 | | |
| 被考核人 | | 得分 | | |

注：凡疾病判断错误、推荐用药错误、推荐药之间有配伍禁忌等严重情况，均不给分，允许重新准备，最后表演。

## 课 后 练 习

**一、选择题**

A 型题

1. 高血压伴下列哪种疾病可选用普萘洛尔治疗？（　　）

A. 支气管哮喘　　　B. 房室传导阻滞　　　C. 肢端动脉痉挛　　　D. 心绞痛

2. 伴糖尿病肾病的高血压患者治疗最好选用的药物是（　　）。

A. 普萘洛尔　　　B. 可乐定　　　C. 利舍平　　　D. 卡托普利

3. 关于钙通道阻滞药降压作用叙述错误的是（　　）。

A. 阻滞细胞膜上的 $Ca^{2+}$ 通道　　　B. 降低心肌收缩力

C. 扩张动脉血管　　　D. 增加心脏输出量

4. 糖尿病酮症酸中毒和糖尿病昏迷患者宜选用（　　）。

A. 胰岛素　　　B. 珠蛋白锌胰岛素

C. 低蛋白锌胰岛素　　　　　　　　　　　　D. 精蛋白锌胰岛素

5. 有关牛黄解毒丸的描述不正确的是（　　　　）。

A. 功能清热解毒　　　　　　　　　　　　　B. 可治咽喉肿痛

C. 能长期服用　　　　　　　　　　　　　　D. 亦用于目赤肿痛

6. 益母草的功能是（　　　　）。

A. 养血安神　　　　　　　　　　　　　　　B. 理气止痛

C. 益气补血　　　　　　　　　　　　　　　D. 活血调经

7. 藿胆丸用于治疗（　　　　）。

A. 眼病　　　　　　　B. 耳聋　　　　　　　C. 鼻炎　　　　　　　D. 牙周炎

8. 扶正剂中属于补气剂的是（　　　　）。

A. 参苓白术散　　　　　　　　　　　　　　B. 六味地黄丸

C. 金匮肾气丸　　　　　　　　　　　　　　D. 五子衍宗丸

9. 羧甲司坦能稀化痰液在使用中应注意不宜与哪类药合用以免堵塞呼吸道？（　　　　）

A. 大环内酯类药　　　B. 助消化药　　　　　C. 强效镇咳药　　　　D. 茶碱类药

10. 氨茶碱与哪些药物合用可能会延长半衰期增加不良反应？（　　　　）

A. 阿莫西林　　　　　B. 西咪替丁　　　　　C. 复方甘草合剂　　　D. 氨溴索

11. 西咪替丁治疗消化性溃疡的作用机制是（　　　　）。

A. 保护胃黏膜　　　　　　　　　　　　　　B. 中和胃酸

C. 阻断 H2 受体　　　　　　　　　　　　　D. 抗幽门螺杆菌

12. 雷尼替丁与下列哪种药合用可能会增强其作用？（　　　　）

A. 甲硝唑　　　　　　B. 普萘洛尔　　　　　C. 胶体果胶铋　　　　D. 麦滋林 S

13. 抑制胃酸分泌作用较强的药物是（　　　　）。

A. 西咪替丁　　　　　B. 丙谷胺　　　　　　C. 法莫替丁　　　　　D. 必诺

14. 通过抑制胃肠道收缩减少蠕动而止泻的药物是（　　　　）。

A. 蒙脱石　　　　　　B. 杜秘克　　　　　　C. 多潘立酮　　　　　D. 地芬诺酯

15. 下列药物中哪项为抗深部真菌的首选药？（　　　　）

A. 灰黄霉素　　　　　B. 两性霉素 B　　　　C. 制霉菌素　　　　　D. 克霉唑

16. 真菌性脑膜炎宜选用（　　　　）。

A. 灰黄霉素　　　　　B. 氟康唑　　　　　　C. 酮康唑　　　　　　D. 克霉唑

17. 主要用于阴道、胃肠道及口腔真菌感染的药物是（　　　　）。

A. 制霉菌素　　　　　B. 灰黄霉素　　　　　C. 两性霉素 B　　　　D. 伏立康唑

18. 对甲型流感病毒有特异性抑制作用的药物是（　　　　）。

A. 拉米夫定　　　　　B. 金刚烷胺　　　　　C. 阿昔洛韦　　　　　D. 阿糖腺苷

19. 单纯疱疹病毒感染可首选（　　）。

A. 拉米夫定　　　　　B. 金刚烷胺　　　　　C. 阿昔洛韦　　　　　D. 阿糖腺苷

20. 下列有关利巴韦林的说法错误的是（　　）。

A. 又名病毒唑　　　　　　　　　　　B. 为广谱抗病毒药

C. 对流感病毒有效　　　　　　　　　D. 对病毒性肝炎无效

21. 过量应用对乙酰氨基酚也可能引起（　　）。

A. 骨髓抑制　　　　　　　　　　　　B. 凝血障碍

C. 视网膜变性　　　　　　　　　　　D. 急性重型肝炎

B 型题

22. 钙拮抗药的临床用途范围有（　　）。

A. 心律失常　　　　　　B. 心绞痛　　　　　　C. 高血压

D. 心肌梗死　　　　　　E. 脑血栓形成

23. 关于降压药的不良反应正确叙述的有（　　）。

A. 吲达帕胺长期使用可引起低血钾　　　B. 卡托普利可引起干咳

C. 硝苯地平可引起踝关节肿痛　　　　　D. 可乐定久用可引起水钠潴留

E. 哌唑嗪首次给药可致严重的直立性低血压

24. 理气剂分为（　　）。

A. 疏肝解郁　　　　　　B. 活血通络　　　　　C. 理气止痛

D. 疏肝和胃　　　　　　E. 峻下逐水

25. 云南白药功效有（　　）。

A. 解毒消肿　　　　　　B. 活血止痛　　　　　C. 清热解毒

D. 化瘀止血　　　　　　E. 利水渗湿

二、判断题

1. 服西药时，用茶水吞服比用白开水更好。（　　）

2. 为促进儿童生长发育，应该坚持长期补钙。（　　）

3. 支气管炎出现痰多、咳嗽应该使用镇咳药物。（　　）

4. 腹痛用解热镇痛药既方便、疗效又好。（　　）

5. 妇女痛经时可以服用解热镇痛药。（　　）

6. 诊断不明的发热疼痛应该首先服用解热镇痛药以缓解症状。（　　）

7. 服用茶碱类药平喘应多饮水。（　　）

8. "是药三分毒"，所以，任何药品都有可能引起不良反应。（　　）

9. 药品是价格越贵，治疗效果越好。（　　）

10. 透皮贴剂禁用于红肿部位。（　　）

11. 支气管扩张的病人平时需要服用抗菌药物防止复发。（　　　）

12. 莫沙比利应饭前服用。（　　　）

13. 预防性病的最好方法是联合使用抗菌药物。（　　　）

14. 抗菌药物一般宜空腹服用，以获得较高的生物利用度。（　　　）

15. 治疗婴幼儿细菌性感染应该选用喹诺酮类药物。（　　　）

16. 儿童服用红霉素应该碾碎。这样既方便又科学。（　　　）

17. 儿童感冒应及时使用抗菌药物治疗。（　　　）

18. 治疗腹泻应该同时使用乳酶生和抗菌药物。（　　　）

19. 腹泻时应该及时应用抗菌药物治疗。（　　　）

20. 小儿夏秋季腹泻慎用抗菌药物治疗。（　　　）

21. 控缓释制剂一般应整片吞服，服药时间宜在清晨起床或晚上睡前。（　　　）

22. 抗过敏药物不宜与酒精、中枢抑制剂同时服用。（　　　）

### 三、名词解释

中药饮片

### 四、简答题

1. 简述高血压的治疗方案。

2. 感冒类中成药可分成哪几类？各类的代表药举例。

3. 补虚类中成药包括哪几类？各有什么代表药？

4. 流感的临床症状、治疗措施有哪些？请推荐 2~3 个药物。

5. 普通感冒的临床症状、治疗措施有哪些？请推荐 2~3 个药物。

6. 慢性支气管炎的临床症状、治疗措施有哪些？请推荐 2~3 个药物。

7. 细菌性肺炎的临床症状、治疗措施有哪些？请推荐 2~3 个药物。

8. 支气管哮喘的临床症状、治疗措施有哪些？请推荐 2~3 个药物。

9. 消化性溃疡的临床症状、治疗措施有哪些？请推荐 2~3 个药物。

10. 急性眼结膜炎的临床症状、治疗措施有哪些？请推荐 2~3 个药物。

11. 口腔溃疡的临床症状、治疗措施有哪些？请推荐 2~3 个药物。

12. 足癣的临床症状、治疗措施有哪些？请推荐 2~3 个药物。

13. 痤疮的临床症状、治疗措施有哪些？请推荐 2~3 个药物。

扫一扫

# 模块六 药店服务

药店从业人员利用药学专业知识和工具，向社会公众（包括医药护人员、病人及其家属、其他关心用药的群体等）提供与药物使用相关的各类服务。

## 任务一 药店服务概述

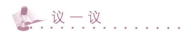 议一议

你在药店享受过哪些服务呢？

服务是指为他人做事，并使他人从中受益的一种有偿或无偿的活动。不以实物形式而以提供劳动的形式满足他人某种特殊需要。在行业竞争异常激烈的情况下，服务质量已成为药店的核心竞争力，也是药店的生命线。那么，如何有效提升药店服务质量呢？

### 一、有效提升药店服务质量

1. 药店要为顾客树立良好的形象

药店的形象体现在多方面，如药店要给予顾客美的享受，要让他们感受到健康的文化气息。店员应着装得体，落落大方，给人以热情、礼貌、专业素质高的感受。店面布置要整齐干净，在醒目位置要悬挂有规章制度和规范的服务项目，物品的陈列要讲究艺术和技巧，装修要有独特的风格。这些良好的形象在顾客的心中会产生亲切感和安全感，将把最美好的印象留给顾客。

2. 要牢记顾客健康的观点

健康是顾客永远关心的话题，也是顾客光顾药店的原因。药店的员工要把顾客的健康放在首位，去正确地讲解健康知识和推荐药品，而不是只拣利润大推荐，更不能去蒙顾客。也可邀请精通保健知识的专家或医生，举办健康讲座，或者根据消费者所提的建议，聘请专家演讲或召开研讨会，还可以对消费者进行免费的健康检测和提供免费的关于医、护、药的刊物等，让顾客掌握健康知识、了解自身健康状况，应做到为顾客的健康卖药，让顾客安全、合理、有效和经济的使用药品。

3. 为顾客营造便利是药店最基本的出发点

为顾客服务是无止境的，只有细心、真诚和周到，才能赢得顾客。药品要价格透明，尽最大可能让利于顾客，同时更要采取多种形式的便民措施，如根据顾客的需求销售日用品；开架式销售非处方药物，让顾客体会到自由购物的惬意，避孕药具、女性护理用品等，让顾客在购物时，避免难以启齿的尴尬；药店配置煎药机为消费者免费煎药，在方便了顾客的同时也保证了汤剂的质量；免费送货、代邮药品服务、开通免费咨询电话、为顾客提供开水、为顾客进行礼品包装等。

4. 美丽的顾客是药店的最高境界

爱美之心，人皆有之。人在健康的前提下才会更加美丽。顾客的需求是多种多样的，药店须通过多元化的经营来满足顾客的爱美需求。店内的执业药师在指导顾客应用保健品或化妆品上将会更加专业化。如深圳的海王星辰医药有限公司，药店里增加了健美器材及化妆用品等，确实方便了顾客，也创造了良好的经济效益。经营品种向健康相关的产品延伸是药店发展的又一趋势。

总之，药店员工要时刻关注顾客的需求，时时了解他们的需求变化，根据他们的需求变化来采取相应的经营措施，力求在药店内外全方位地为顾客服务，这样才是提升药店业绩的根本。

知识链接

包 装 操 作

优美的包装能让顾客觉得药店或医药商品档次高，提着带有店名或商品名的包装也是一种广告。顾客拎着美丽精致的包装袋，既能获得一种满足感，同时又为药店或产品做了免费宣传。药品的包装形状如果是正方形、长方形，相应的可按以下步骤进行包装（图6-1）。

二、为顾客服务的主要内容

药店应以依法批准的经营方式和经营范围为基础，成立以店长为负责人的服务管理组织，设置药店服务管理制度，抓好标准化建设并按照高标准、规范化的要求，结合药店的实际情况，明确药店各主体的服务内容。

为顾客的服务内容可大致包括用药咨询与指导、处方调配、监测药品不良反应、顾客投诉处理等。

1. 用药咨询与指导

用药咨询与指导不仅是执业药师工作的一部分，也是药店店员需要做到的内容。患者在

图 6-1　包装示意图

药店购药，需要了解如何服药、避免不良反应的发生，因此，店员应首先具备扎实的专业知识，熟知店内药品功效、不良反应、配伍禁忌、临床医学知识等，并了解患者病情、病史、过敏史、用药情况等，协助患者正确购药，并及时为患者设计合适的治疗方案，指导患者用药，消除患者的用药误区。

2. 处方调配

处方调配一直是药师的传统职能，也是保证患者安全用药的关键环节。店员审查患者的处方，可以减少由于医生疏忽或信息不全导致的用药差错，并对患者用药进行专业化指导，降低患者由于盲目用药造成的身体伤害，也防止了药害事故的发生。

3. 监测药品不良反应

药品本身的特性使得用药会产生相应的不良反应，药店出售药品后，店员应继续对患有多种疾病、器官功能不全、长期服药的患者进行用药效果的跟踪监测，对监测结果实时反馈、评价，减少药源性疾病的出现，最大限度保证患者的服药安全。

4. 顾客投诉处理

限于药店服务管理的不完善，顾客必然会有不满意的地方，因此药店应正确对待顾客的投诉，及时回应顾客的投诉反馈，使顾客投诉转变为顾客忠诚。

# 任务二　顾 客 接 待

 活动一　接待顾客的基本功

 议一议

接待顾客需要具备的基本能力？

药店店员有了正确的角色定位、明确了服务的原则和规范后，接待顾客是工作中最核心的任务，优秀的店员通常会得到许多顾客的好评，那为什么我们能得到顾客的认可呢？从最基本的说起，优秀店员需要具有亲和力、较强的沟通能力，能正确探寻客户需求的洞察能力，能准确介绍药品信息的表达能力，同时具备优异的客户投诉处理能力和应变能力，这些都是体现在日常工作中和顾客沟通交流的基本能力，也是为顾客提供他们满意的服务的基础。

一个优秀的店员必须是一个善于"见风使舵""见什么菩萨烧什么香"的人，店员必须要能够迅速地掌握每位顾客的要求、愿望、性格、好恶，以及他说话的方式、态度、表情等，进而用对方能接受的方式向他推荐适合的药品。每次面对不同的顾客，需要努力去揣摩"这个人到底要什么？""我应该推荐哪种药品？""哪一种推荐方式适合这个顾客？""我应该如何掌握顾客的心理？"经常思考这些问题是你成功的第一步。

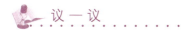 议一议

怎样练就接待顾客的基本功？

药店的店员要提供让顾客满意的服务必须能熟练应对各种情况，处理好各类问题，让顾客高兴而来，满意而归，而不是由着性子回避矛盾，或将问题转给别人，甚至与顾客争吵。以下十条基本功有助于你和顾客进行更好的沟通。

1. 药店就是你的

在顾客眼中一线的店员代表着药店和品牌，所以顾客有问题时不能将责任推给别的部门或员工。如果顾客确实需要与药店其他人对话时，应亲自与这项业务的负责人联系，并带领顾客过去或将顾客移交给这位负责人。这时，最好对顾客说一句："如果您还有需要，请给我打电话！"

2. 将心比心，换位思考

店员要经常回想一下自己是顾客时想要什么？希望店员怎样对待自己？怎样解决问题才

能让自己满意？这一点对自己的顾客同样适用。

案例：小胡接待一位顾客，可当小胡多次提到肝炎时，顾客就发火了。

从这个案例中可以看到导致这位顾客发火的原因，是小胡无意触犯了患者"隐私"造成的，因此小胡应该向顾客道歉。小胡接待的是一位求购治疗肝炎药物的顾客，这类顾客很忌讳别人公开他的病情，小胡在整个接待和荐药过程中，不该提及"肝炎"两字。虽然小胡的做法没有任何恶意，但方法过于简单、直接，有欠妥之处。小胡应该知道，顾客的隐私权在任何时候、任何情况下都应当得到保护。从服务行业的角度讲，对待顾客的一条基本原则是：顾客永远是对的，哪怕顾客当时是错了。顾客的错误要让顾客自己来认识。只有站在顾客的立场和角度考虑和处理问题，才不至于因为某位顾客的不冷静或偏激态度引起争端，影响到潜在的顾客，给药店带来不利影响。

3. 不要让顾客感到气馁

遇到问题时不要说"我处理不了"，不妨换一种积极的、实在的回答方式，如"这确实有点麻烦，不过我试一下吧！"也可以说"我请示一下上级"，而不能只给顾客消极的回答，如"这是个问题"或"这个挺难办"，应该说"你可以……"而不能说"你必须……"记住要永远设身处地为顾客着想，即使顾客提出的要求有悖于药店的政策，也应该是这样回答："您的要求不符合药店的规定，您看不如我们再换一种方法。"

4. 让顾客感觉到你有时间处理他们的问题

无论你有多忙，压力有多大，面对顾客时始终保持轻松的语调耐心处理他们的问题。多花些时间来寻求解决顾客问题的信息和方法。即使最后问题没有解决，顾客也会对你的努力和关注表示感谢。

5. 给顾客改变主意的机会

一个好的药店店员总会不厌其烦地询问顾客的症状、偏好、意见和其他的选择，因为他明白：顾客的消费往往是非理性的，即使顾客在消费前制定了清单，也会随时改变主意购买别的产品。优秀的店员懂得，通过良好的沟通，可以做成更多的生意。

6. 认真对待有投诉的顾客

有投诉的顾客因为不满所以怒火可能一触即发，这时店员首先要控制顾客和自己的情绪，以公平、公正的心态听取顾客的陈述，切勿用不友善、怀疑、批判的眼光看待顾客，这种伤害顾客自尊的态度会引起更大的情绪反弹。接着店员要认真、诚挚地为顾客解决问题，这种态度很有感染力，可以触动对方的心灵，让对方的情绪得以舒解，同时转怒为喜，双方化干戈为玉帛，至此又可以赢得一个忠实的顾客。

 知识链接

顾客投诉是企业面临的挑战，同时也是机遇。研究表明，遇到问题不投诉的客户再次交

易的意向很低，只有9%；而投诉了，即便问题没有得到解决，客户再次交易的意向也会提高到19%；那些投诉后主要问题获得解决的客户再次交易的概率是54%，那些投诉后而且主要问题马上得到解决的客户再次购买的概率提高到了82%。

7. 首应负责制

人们遇到问题，最想要的就是找一个人性化的、面对面的解决方式。在表达了"感谢您告诉我"之后，你最好直截了当地表达你个人的关心，要表现出你个人的、真诚的道歉："我很抱歉！"而不是"我们很抱歉"来表达你的认同和理解并着手更正服务问题。

8. 永远不要说"我从没有听过此事"

在每一种情况下都要表示出你个人的关心和积极的态度。不要通过告诉顾客"有人比你还惨呢"的方式使顾客的问题大事化小、小事化了，这不仅会使药店形象受损，而且让顾客心生不满。

9. 对目前所做的努力征求顾客意见

通过询问顾客意见得到及时反馈，如"我做的是否符合您的要求？""我告诉您有用吗？""这是您想象的吗？"当然还有"我还可以为你提供什么帮助？"

10. 用"谢谢您！"结束

"谢谢您！"比"谢谢！"更有感谢的意义，因此要对顾客真诚地说："谢谢您！"因为顾客的存在才是拥有这份工作的唯一前提。

## 活动二 接待顾客的原则

对于服务人员而言，顾客永远是对的，是需要被礼遇和尊重的。因此，友善接待每一位顾客是药店店员最基本的工作宗旨，药店店员在接待顾客时应本着以下几点原则：

1. 敬业乐群

主动积极地解决顾客任何困难与需求，高度发挥团队共识。药店服务的工作过程中不仅需要考量个人服务态度的好坏，还应配合公司策略，和谐地与工作伙伴相处，才是敬业乐群的最佳表现。

2. 圆融沟通

店员是药店第一线接触顾客的人。对于任何疑问和需求，必须透过灵活多变的说话方式与技巧，提出独到的见解，让顾客信服，以促使服务工作更为顺利。

3. 态度真诚

对于任何顾客的问题，柜台服务人员都必须尽心尽力处理。要耐心倾听完顾客意思与重点，最好能适时主动询问，深入切题地了解对方需求。需细心留意顾客的任何举动，只要见到顾客有需要服务或支持的动作时，应主动上前服务，培养主动、积极的服务态度是一位优秀店员应具备的绝对条件。

**4. 尊重顾客**

无论顾客的社会地位、穿着品位、举止等，对于每一位走进药店的顾客都应提供相同的服务，关注顾客的特殊要求、习惯，以体现对顾客的尊重与重视。

 活动三　沟通能力与技巧

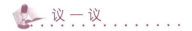 议一议.........

什么是沟通？

沟者，构筑管道也；通者，顺畅也。沟通是人与人之间、人与群体之间思想与感情的传递和反馈的过程，以求思想达成一致和感情的通畅。沟通对我们非常重要，"双70定律"说明了这一点，管理者70%的时间用于沟通，70%的出错是由于沟通失误引起的。著名世界级管理大师彼得德鲁克说：沟通不是万能的，没有沟通是万万不能的！

### 一、沟通的原则

**1. 自己是沟通的第一对象**

你在进行工作之前，应先和自己沟通：我认同并完全相信自己的事业吗？我认可并完全相信自己的药店和制度吗？之所以这样，是因为当人们想认真地做好自己本职工作的时候，也许暂时没有好办法，但如果拥有一颗具备强烈欲望的心，方法一定会产生的。

**2. 倾听是沟通的第一要素**

一般而言在每次成功的沟通中，沟通者占去20%的说话时间，被沟通者占去80%的说话时间，只有充分地倾听了对方的说话内容，你才能真正了解到他内心所想、心中所需，由此做到沟通有的放矢。

你要让对方知道，你正在专心聆听，同时也明白对方说话的内容和对方的感觉，使对方愿意表达内心的感觉，对于解决困难有很大的帮助。表现出了解对方的感觉，并不一定表示你同意对方所讲的话。通常在说了"我明白你的意思"之类，我们很容易会加上"但是"或"不过"等字眼。如果使用这些字眼，你给对方的印象，就是你认为他的感受在你的眼里是"错的"，或者他的问题不像你所关注的问题那么重要。应该避免使用这些字眼，在说出自己的意见之前，可使用"同时"这个词语，或在适当时候暂时停下来，代替"但是"或"不过"等字眼。

**3. 维护自尊，加强自信**

自信就是"对自己满意"，通常对自己有信心的人都会表现得有毅力、能干而且易于与人合作。药店店员在维护自尊，加强自信时，应要清楚明确，充满诚意，要乐意去解决问题，研究各种可行的方法，勇于面对挑战。

4. 能够帮助解决实际问题

在沟通过程中，不仅仅是理解对方，最好还能够帮助对方解决实际问题。为此，应向被沟通方征求意见，可以营造一起合作、共同参与的气氛。在可能的范围内，尽量采用对方所提供的意见，如果对方的意见真的不可行，要加以解释，并给出其他的合理建议。

## 二、沟通过程中存在的误区

有一件人人都会做的事情，就是说话。但能把沟通做得好的人，几乎微乎其微。说话是容易的，沟通是困难的。大部分人都可能存在以下几种沟通误区：

第一个误区是不沟通，用猜测甚至是猜疑取代沟通。造成这种情况的原因各种各样。有时是无意识的不沟通，例如上级认为这件事情是明摆着的，不需要再说了，而下属并不知道，也无法知道上级真正的意图。有时是有意识的不沟通，例如有些人故意隐瞒一些信息，以便给别人造成困难，给自己创造优势。有时不沟通是因为绝望，我们经常听到有人叹息，"给他讲了也没用""我已经说过 100 遍了，他就是不听"。但最可惜的是因为（过分）信任而不沟通：我的上级（或我的下级）很棒，我不必告诉他，他肯定知道。

第二个误区是"说"而不"听"。这种情况在上级对下级的"沟通"中十分常见。上司滔滔不绝地说，下级默默地听。但下级是否理解了，理解得正确与否，说者似乎并不关心。在他看来，只要我说了，他听不明白是他的问题。

第三个误区是"听"而不"说"。这种情况和上面的情况对应，通常是在下级对上级的"沟通"中十分常见。尽管对对方的说法有疑问，不理解甚至是有不同意见，但碍于面子，碍于各种关系或仅仅是因为不自信而不把事情讨论清楚。

第四个误区是为了沟通而沟通。这个极端是第一个误区的反面。我们为了沟通而沟通，大家可能联络了彼此感情，但药店生存问题却一点也没有解决。

第五个误区是不理解冲突也是一种沟通。很多店员为了维护药店表面的和谐，避而不谈一些会触动某些人利益的事情，大家都做老好人，结果是你好我好大家好，但药店慢慢变得不好。其实冲突，包括批评和吵架，都是沟通的有效形式，我们不应该害怕和回避冲突的。

之所以有这么多关于沟通的误区，是因为我们虽然都会说话，但很少有人学到过沟通的真正意义。从本质上来说，沟通不是说话，而是改变行动。所以真正的沟通者关注沟通的效果。在沟通时，重要的不是你说了什么，而是对方理解了什么，所以要求对方给你反馈很重要。当然，沟通除理性层面之外，还有感情的层面。感情层面甚至更重要，这是管理者应该和下属打成一片的真正原因。只有从感情上接受你这个人，他们才会接受你提的建议。

## 三、与顾客沟通的技巧

长期以来，药店主要强调店员如何售药以及业务的熟练程度，即便要求提高服务水平也只是要求店员热情、周到，而忽视了与顾客的沟通。随着售药模式的转变，掌握与顾客沟通的艺术与技巧，建立良好的买卖关系已成为药店店员售药工作的重要内容。实现与顾客的良好沟通应重视以下几项：

1. 给顾客留下好印象

印象是店员给顾客留下的反映，而第一印象又决定了顾客对药店的认识程度，因此店员应注重留给顾客良好的第一印象，注重外在形象对建立良好的沟通关系起着重要作用，如果一个店员不注重外在形象，仪表邋遢，说话唾沫星子乱飞，顾客会极为讨厌。对不同的顾客应当用不同的沟通方式，沟通才能起作用。

2. 学会"说话"与倾听

语言是沟通的重要手段。店员应主动开口，只有开口才有加强沟通的机会。加强与顾客的语言沟通，要抓住有利时机，以此促进双方感情的交流。一般应注意三个重要机会：在顾客进店时，店员应主动使用问候语，并借此加强交流；二是在顾客选购药品时，店员再介绍药品知识，主动进行沟通；三是在顾客购药离开时，注意使用礼貌用语，切实让顾客感到宾至如归。

3. 与顾客交流不是闲聊，应有主题，有目的

要针对顾客年龄、性格、职业等不同，选择不同的谈话方式和内容。一般要以顾客关心的情况为交流的切入点展开沟通。患者及其家属面对不幸时，希望得到别人的安慰和鼓励，应多用安慰性语言和鼓励性语言。

4. 善用其他方式沟通

说起沟通，人们自然会想到最直接、有效的口头语言。不错，人与人之间的思想交流、情感联络都需要简明、直接的语言来表达、传递。除此之外，动作表情等肢体语言，虽然也在被人们不经意地运用着，但它在沟通交流中的影响力和特殊作用却没有引起人们的注意。就药店经营而言，销售药品的过程就是店员与顾客直接沟通、交流的过程，经营药品就是经营与顾客的关系。一方面要求店员说话得体，语速适中，语音清晰；另一方面，店员的一举一动，哪怕是一个瞬间的表情变化，也可能影响顾客的情绪，改变顾客对药店的印象。

 **活动四　接待顾客的基本步骤**

**一、顾客购买药品的心理变化**

古言道"知彼知己，百战不殆"，在自身具备了基本条件后，第一步就是要了解顾客的心理。所谓顾客心理是顾客在购买过程中的内心活动，它对顾客的购买行为起关键性的作用，要知道如何接待顾客，就必须先了解顾客购买商品的心理过程。消费者在购买动机驱动下步入药店，从对药品的选择、评价到购买，在心理上大致要经历如下八个阶段。

1. 观察阶段

消费者跨入店门前及进入商店后，通常都有意或无意地环视一下商店的门面、橱窗、货架陈列、营业厅装饰、环境卫生、秩序以及营业员的仪表等等。初步获得对店容店貌的感受，这个阶段为观察阶段。

消费者进店的意图一般可分为四类：

第一类，是有明确购买目标的全确定型顾客，即有备而来者。这类顾客进店迅速，进店后一般目光集中，脚步轻快，迅速靠近货架或商品柜台，向营业员开门见山地索取货样，急切地询问商品价格。如果满意，会毫不迟疑地提出购买要求。

第二类，是有一定购买目标的半确定型顾客，即小心谨慎者。这类顾客有购买某种药品的目标，但具体选购什么类型，以及对药品的功效不是很清楚。进店后一般认真巡视，主动向店员询问各种药品的功效及用途。

第三类，难为情者，这类顾客通常有着某种特殊购买目的，但对应该买什么药品却没有主意，又羞于启齿询问。这类顾客通常四周巡视，在店内滞留良久而又不提出任何购买要求或进行咨询。

第四类，是以闲逛为目的的随意型消费者。这类顾客进店没有固定目标，甚至原先就没有购买商品的打算，进店主要是参观、浏览，以闲逛为主。

2. 兴趣阶段

有些消费者在观察商品的过程中，如果发现目标商品，便会对它产生兴趣，此时，他们会注意到商品的质量、产地、功效、包装、价格等因素。

当消费者对一件产品产生兴趣之后，他不仅会以自己主观的感情去判断这件商品，而且还会加上客观的条件，以做合理的评判。

3. 联想阶段

消费者在对兴趣商品进行研究的过程中，自然而然地产生有关商品的功效以及可能满足自己需要的联想。联想是一种当前感知的事物引起的对与之有关的另一事物的思维的心理现象，消费者因兴趣商品而引起的联想能够使消费者更加深入地认识商品。

4. 欲望阶段

当消费者对某种商品产生了联想之后，他就开始想需要这件商品了，但是这个时候他会产生一种疑虑：这件商品的功效到底如何呢？还有没有比它更好的呢？这种疑虑和愿望会对消费者产生微妙的影响，而使得他虽然有很强烈的购买欲望，但却不会立即决定购买这种商品。

5. 评估阶段

消费者形成关于商品的拥有概念以后，主要进行的是产品质量、功效、价格的评估，他会对同类商品进行比较，此时店员的意见至关重要。

6. 信心阶段

消费者做了各种比较之后，可能决定购买，也可能失去购买信心，这是因为：店内药品的陈列或店员售货方法不当，使得消费者觉得无论是怎样挑选也无法挑到满意的商品；店员药品知识不够，总是以"不知道""不清楚"回答顾客，使得消费者对商品的质量、功效不能肯定；消费者对药店缺乏信心，对售后服务没有信心。

7. 行动阶段

当消费者决定购买，并对店员说"我要买这个"同时付清货款，这种行为对店员来说叫做成交。成交的关键在于能不能巧妙抓住消费者的购买时机，如果失去了这个时机，就会功亏一篑。

8. 感受阶段

购后感受既是消费者本次购买的结果，也是下次购头的开始。如果消费者对本次结果满意，他就有可能进行下一次的购买。

## 二、接待顾客的基本步骤

根据顾客购买药品时的心理变化，营业员必须辅之以适当的服务步骤，这些基本步骤一般表现为以下十个方面。

1. 等待时机

当顾客还没有上门之前，营业员应当耐心地等待时机。在等待阶段里，营业员要随时做好迎接顾客的准备，不能松松垮垮，无精打采。营业员要保持良好的精神面貌，要坚守在自己的固定位置，不能擅离岗位四处游走，不能交头接耳，聊天闲扯。

2. 初步接触

顾客进店之后，营业员可以一边和顾客寒暄，一边和顾客接近，这一行动称之为"初步接触"。营销专家认为："初步接触的成功是销售工作成功的一半。"但初步接触，难就难在选择恰当的时机，不让顾客觉得过于突兀。从顾客的心理来说，当他处于兴趣阶段与联想阶段之间时，最容易接纳店员的初步接触行为，而在注视阶段时，接触会使顾客产生戒备心理，在欲望阶段接触又会使顾客感到受到了冷落。

营业员与顾客进行初步接触的最佳时机：当顾客长时间凝视某一药品，若有所思之时；当顾客抬起头来的时候；当顾客突然停下脚步时；当顾客的眼睛在搜寻之时；当顾客与营业员的眼光相碰时。

把握好这五个时机后，优秀的店员一般会以三种方式实现与顾客的初步接触：与顾客随便打个招呼，直接向顾客介绍他中意的药品，询问顾客的购买意愿。

3. 药品提示

所谓"药品提示"，就是想办法让顾客了解药品的详细说明。药品提示要对应于顾客购买心理过程之中的联想阶段与欲望阶段之间。药品提示不但要让顾客把药品看清楚，还要让他产生相关的联想力。此时，要使顾客了解以下几个方面：药品的使用过程；药品禁忌证；药品的疗效；让顾客选择比较；按照从低档品到高档品的顺序拿药品。

4. 揣摩顾客的需要

顾客不同的购买动机，其需求是不同的，所以店员要善于揣摩顾客的需要，明确顾客究竟要买什么样的药品，治疗什么病，这样才能向顾客推荐最合适的药品，帮助顾客做出最明智的选择。我们用以下四种方法来揣摩顾客的需要：

（1）通过观察顾客的动作和表情来探测顾客的需要。

（2）通过向顾客推荐一两种药品，观看顾客的反应，以此来了解顾客的愿望。

（3）通过自然的提问来询问顾客的想法。

（4）善意地倾听顾客的意见。

5. 药品说明

顾客在产生了购买欲望之后，并不能立即决定购买，还必须进行比较、权衡，直到对药品充分信赖之后，才会购买，在这个过程之中，店员就必须做好药品的专业说明工作。

药品说明即营业员向顾客介绍药品的疗效。这就要求营业员对于自己店里的药品有充分的了解。同时还要注意的是，药品说明并不是在给顾客开药品知识讲座，药品说明必须有针对性，要针对顾客的疑虑进行澄清说明，针对顾客的兴趣点进行强化说明。一定要在不失专业知识的前提下，用语尽量通俗易懂。

6. 劝说

顾客在听了营业员的相关讲解之后，就开始做出决策了，这时营业员要把握机会，及时游说达成购买，这一步骤称为"劝说"。劝说应有以下几个特点：实事求是的劝说；投其所好的劝说；辅以动作的劝说；用药品本身质量的劝说；帮助顾客比较、选择的劝说。

7. 把握销售要点

一个顾客对于药品往往会有较多需求，但其中必有一个需求是主要的，而能否满足这个主要需求是促使顾客购买的最重要因素。当营业员把握住了销售要点，并有的放矢地向顾客推荐药品时，交易是最易于完成的。

一个优秀的店员在做销售要点的说明时，一般会注意到以下五点：

（1）利用"五 W 一 H"原则，明确顾客购买药品时是要由何人使用（who），在何处使用（where），在什么时候用（when），想要怎样用（what），为什么必须用（why）以及如何去使用（how）。

（2）说明要点要言辞简短。

（3）能形象、具体地表现药品的特性。

（4）针对顾客提出的病症进行说明。

（5）按顾客的询问进行说明。

8. 成交

顾客在对药品和营业员产生了信赖之后，就会决定采取购买行动。但有的顾客还会残存有一丝疑虑，又不好明着向营业员说，这就需要营业员做进一步的说明和服务工作，这一步骤称为"成交"。

当顾客出现以下八种情况时，成交的时机就出现了：突然不再发问；话题集中在某个药品上；不讲话而若有所思；不断点头；开始注意价钱；开始询问购买数量；关心售后服务问题；不断反复地问同一个问题。

在这些成交时机出现时，店员为了促进及早成交，一般应采用以下四种方法：不要给顾客再看新的药品了；缩小药品选择的范围；帮助确定顾客所要的药品；对顾客想买的药品做一些简要的要点说明，促使其下定决心购买。

这一过程千万不能用粗暴、生硬的语言去催促顾客。在"怎么样，您到底买还是不买""您老磨蹭什么，没看我这儿顾客多着吗？"等声音刚落之后，顾客倒是下定决心——但一般是下定决心不买了！

9. 收款和包装

顾客决定购买后，营业员就要进行收款和包装。在收款时，营业员必须唱收唱付，清楚准确，以免双方出现不愉快。包装之前要特别注意检查药品有没有破损脏污。包装时力求牢固、安全、整齐、美观。在包装过程中，营业员还可以向顾客提一些友好的建议，增强店方与顾客的感情联络。

10. 送客

包装完毕后，营业员应将药品双手递给客人，并怀着感激的心情向顾客道谢，并祝他早日康复。

## 活动五　不同类型顾客的接待方法

在接待顾客过程中，每天都会遇到不同类型的顾客，他们的性格，偏好，志趣，言行都各有不同，因此对待这些不同类型的顾客，所应采用的接待方法也不尽相同。作为药店的工作，最主要的就是要学会察言观色，从顾客的一举一动，一笑一颦中能大致判断出是什么类型的人，他们一般的消费需求是什么，然后针对他们的消费特点采取不同的推销方法，以满足他们不同的需求，达到让每位顾客来店都满意消费的效果。

### 一、不同年龄型顾客的接待技巧

1. 老年顾客

特征：喜欢买曾经买过的产品，对新产品常持怀疑态度，很多情况下是受亲友的推介才去购买未曾买过的新产品。但购买心理稳定，不易受广告宣传的影响。希望购买性价比高的产品。购买时动作缓慢，挑选仔细，喜欢问长问短，对店员的态度反应非常敏感。接待技巧：老年顾客阅历丰富，店员要多提供购物服务，主动介绍产品的实际价值，当好参谋，尽量减轻其购物负担。强调售后服务好，特别是对初次购买产品的顾客应想方设法收集他的资料。要把握好如下技巧：音量不可过低，语速不宜过快，态度要和颜悦色，语气要表示尊敬，说话内容要表现谦虚，做到简单、明确、中肯。

2. 中年顾客

特征：购物理智，喜欢购买已证明有价值的新产品。接待技巧：这个年龄段的顾客分两种，一种是高薪阶层的，要对其强调品位、娱乐和休闲的需要；另一种是一般收入的，要强调产品的性价比。

3. 青年顾客

特征：具有强烈的生活美感，对产品价值观念较淡薄，追求刺激，求新、求奇、爱冒险的心理较为普遍，对消费时尚反应敏感，喜欢购买新的、流行的产品，往往是新产品的第一批购买者。购买具有明显冲动性，易受外部因素影响，易受广告宣传的影响。接待技巧：店员要迎合此类顾客的求新、求奇的心理进行介绍，尽量向他们推介产品的流行性、前卫性，并强调公司产品的新特点。

## 二、不同性格和处世态度的顾客的接待技巧

1. 接待理智型顾客

这类顾客进店后对所要购买商品的产地、名称、规格，都说得比较完整。在购买前从价格、质量、包装等方面往往进行反复比较、仔细挑选。要求店员接待服务要耐心，做到问不烦，拿不厌。

2. 接待习惯型顾客

这类顾客进店后直奔向所要购买的商品，并能讲出其产地，名称和规格，不买别的代替品。要求店员要在"记"字上下功夫。尊重顾客的消费习惯，千方百计满足他们的要求，一般回头客较多。店员要立刻回答，轻轻点头示意，马上拿商品，双手递给顾客看。

3. 接待经济型的顾客

这类顾客一般有两种：一种是以价格低廉作为选购商品的前提条件，喜欢买便宜货，熟悉商品情况，进店后精挑细选，对这类顾客，要在"拣"字上下工夫，让他们挑到满意的商品。另一种是专买高档商品的顾客，要让这类顾客相信货真价实。要求店员要懂商品的性能、特点，问不烦，拿不厌。

4. 接待冲动型顾客

这类顾客听到商店有新的商品，便赶到商店，不问价格、质量和用途，到店就买。要求

接待要在"决"字上下功夫，同时还要细心介绍商品性能、特点和作用，提醒顾客注意考虑比较。

5. 接待活泼型顾客

这类顾客性情开朗活泼，选购随和，接待比较容易。要求店员多介绍、耐心宣传解释，当好参谋，在"讲"字上下功夫，指导消费。

6. 接待不定型（犹豫型）顾客

这类顾客进店后面对商品拿不定主意，挑了很久还下不了购买的决心。要求店员接待要在"帮"字上下功夫，耐心介绍商品，当好顾客参谋，帮助他们选购商品，一般顾客还是相信营业员的意见的。

7. 接待急于购物的顾客

对于这类顾客，店员如果在不忙时，可按其需，快速拿递，帮助选取商品。店员应接不暇时，则要注意做好以下工作：

（1）面带笑容点头示意　店员发现有顾客临柜高声疾呼时，应迅速做出判断，用微笑和点头的方式打招呼，示意请稍候。

（2）记清面容，以免忘记　店员在向顾客示意或打招呼时，要记清高声疾呼的顾客的面容，以免接待时忘记。

（3）做好必要的解释　店员在优先接待前，要向排在前面的顾客说明情况，取得谅解，同意后，给急于购物的顾客以照顾。

8. 接待有特殊需求的顾客

（1）接待这类顾客时，应持关心、帮助的态度，尽量满足他们的要求。

（2）如不能满足顾客的要求，应语调委婉，态度和蔼地向他们致歉，或预约订货，请顾客留下地址、电话，货到通知顾客或亲自送达，或建议顾客到附近的药店购买。

9. 接待出言不逊的顾客

案例：

（1）有人不懂礼貌，不尊重他人，用命令式口气对营业员说话，营业员接待稍慢便大呼大叫，或敲击柜台。

（2）有人性情暴躁，在进店前，由于自己个人原因心情不好，进店后心烦发泄。

（3）有人性子急、粗暴、营业员稍有怠慢便出言不逊，耍脾气。

（4）有人蛮不讲理，故意刁难。

案例分析：

营业员面对上述情况，应保持冷静，以药店利益为重，意识到自己是在代表药店接待顾客，要得理让人，区别不同情况，妥善接待。

（1）对第一种情况，营业员要采取礼让的态度，不计较对方的说话方式，热情接待，让顾客快速购物离去。

（2）对第二种情况，营业员应从对方的"无名火"中悟出其境遇和性格特点，采取和善转化的态度，用热情耐心的接待、友善和气的语言化解其粗暴。

（3）对第三种情况，营业员要保持冷静，镇定自若，心平气和，坚持友善接待，做到他愤怒我和蔼，他激动我平静，使接待工作顺利完成。

（4）对第四种情况，营业员要坚持理智，得理让人，不计较，不动气，"理直气和"，使无理取闹者转变态度。

### 三、不同消费目的的顾客的接待技巧

1. 对探价而不消费的顾客

探价的顾客就是指那些摆出要买的架势，却又无心购买的顾客。虽然这类顾客要说服他们有一定的难度，但如果一个店里没有几个探价的顾客，店内就会冷冷清清，真正想消费的顾客也不会上门的。因为人都有从众心理，人多的地方给人的感觉就是好。因此对于探价的顾客，一定不能忽视，要以正常接待顾客的程序和态度接待他们。

很多店员听说顾客不打算购买，只是来闲逛的，立即就变脸，态度也来个 180° 的大转弯，从刚才的主动热情变成此刻的被动应付。这样给顾客的印象非常不好，认为你只认钱，不认人，即使他们对我们的药品还比较满意，打算以后来此消费，因为你前后"变脸"而打消来此消费的想法。因此无论这个顾客是否打定主意来购物，都要一视同仁，把能介绍的药品特点、特色尽可能地介绍给顾客，在顾客心中留下深刻的印象。说不定有一天他们会想起你，想起我们的店而产生购买行为。

2. 对替人跑腿的顾客

许多顾客买东西并不是为自己买，而是受人之托而来，或者是顺便帮别人捎带购买的，这种顾客称之为替人跑腿型顾客。不管跑腿的顾客是何种身份，都是因为顾客之间的信任才来的，这种顾客兼有自己和物主两种身份。因此对于跑腿的顾客万万不可怠慢，否则就等同于得罪了两个客人。这个时候，要多倾听顾客对于他们朋友的介绍，喜好什么风格，性格是哪种类型，打算达到什么效果等，这样才能让两人都满意。同时，你也不要忘了，这位跑腿的顾客也是一个最直接的潜在顾客，因为他（她）目睹了整个售药过程，体会最深。因此在介绍的时候，也不妨问问他（她）的喜好，多听听他们的意见，让他们感觉尽管是帮别人做事，但受尊敬的还是自己，为他们以后的营销做好铺垫。

3. 对杀价型顾客

有的顾客生来就有杀价的天性，而且精于杀价，她们对于自己的能力深信不疑，并沾沾自喜，这种顾客我们称之为杀价型的顾客。其实门店应当欢迎杀价型顾客，因为他们正是有心购买才开口杀价，杀价是购买的前奏，所以门店不能对他们敬而远之。

其实杀价的责任也不能全推给顾客，主要是顾客没有了解到门店的产品和服务，双方还没有取得信任。可以采取"是……但是"的方法，比如针对顾客的讲价可以跟对方说："您说的是，不过我们也有我们的困难，这个价格实在不能再降了。"

### 4. 对结伴同行的顾客

凡是两个人以上相携而来的顾客都称为"同伴型顾客"。接待两个结伴顾客的诀窍是，要设法使不购物的同伴站在我们这一边，结成说服对方的统一战线。因此在倾听主顾的同时，也要倾听同伴的意见，并在适当的时候也询问同伴的意见。有些时候主顾也很犹豫，这时候你就不要过早为顾客拿主意，而是把注意力转向他（她）的同伴，比如可以说："这样吧，我觉得你朋友在这方面有体会，让你朋友说说意见吧。"

### 5. 对喜欢赠品的顾客

事实上，许多顾客就是在"赠品"的吸引下激发了购买意愿，这类顾客我们称之为"喜欢赠品的顾客"。在价格质量完全相同时，任何人都会选择有赠品的一方。但人人都有自尊心，心里虽然这样想，却不愿让别人知道自己是奔赠品来的。

赠品必须是带有某种趣味性的东西，市面上不容易买到的东西，它能够引起顾客收藏的欲望，最好不是短期消费品。接待这类顾客一定要把握分寸，在介绍产品时还是主要介绍产品特色，不能主次颠倒，让顾客觉得我们自己的产品其实不怎么样，就是这次赠品还行，让顾客产生投机心理，对我们的企业形象是很不好的。所以要在介绍完主产品之后，再把顾客的注意力转向赠品。

### 6. 退货、换货顾客的接待方法

由于药品是一种特殊的商品，为了保证消费者的用药安全，各个药店原则上只承诺"如药品质量问题，给予退换"。但是，药品是需要了解适应证和禁忌证专业知识的，事后当他自己或家人发现药品的一些禁忌证时，就会产生退换的想法。每个药店都会遇到退货、换货的顾客，这不足为奇，但是要认真对待，敷衍塞责、甚至啧有烦言都是不对的。

### 7. 带孩子的顾客及其接待方法

绝大多数家庭都有孩子，而且相当多的顾客，尤其是女顾客在购买物品时喜欢带上孩子，以便于看管。对于带着孩子的顾客，营业员要特别注意对待孩子的态度，因为这往往成为影响顾客是否决定购买的因素。

##  活动六　处理顾客投诉

药店每天面对的是众多的消费者，所谓"众口难调"，人们对药品有着多方面的需求，因此顾客与药店间不可避免地会出现这样或那样的矛盾。如今，业内人士常常感叹："现在药店越来越难干。"在一句"难干"的背后隐藏着许多问题，其中除了价格因素、地理位置外，还有其他常被忽视的重要原因，如何处理顾客的投诉问题就是其中之一。

作为店方，首先应该欢迎并鼓励顾客在不满时对药店提出投诉，如果顾客不投诉，对药店来说其实是一种损失。面对顾客的投诉，药店要以最快的速度化解顾客的不满和抱怨，并且真诚地为顾客解决问题，积极地采取补救措施，这样才可能将顾客挽留住，也才能最大限度地避免顾客流失。

## 一、重视顾客投诉的意义

1. 提升形象

如果对顾客的各种投诉和抱怨都能够恰当应对的话，会在顾客的心目中树立起良好的形象。顾客也会因看到完备的抱怨处理机构、处理制度及良好的服务态度而心生好感。

2. 化解纠纷

小的抱怨常会引起大的纠纷。当忽视顾客的抱怨不妥善处理时，很可能促使顾客向消费者权益保护机构或大众媒体去表达自己的不满，很多企业公共关系的重大危机就是由此产生的。化解顾客小的抱怨能有效降低公共危机产生的概率，为正常的经营活动提供保障。

3. 改善管理

顾客的抱怨如果处理不好，常会带来声誉以及经济方面的损失。况且，在抱怨管理的过程中，还有可能寻求到其他能够消除经营不善的更加行之有效的管理方法。在很多情况下，引起抱怨的部分往往也是在经营过程中最容易出现问题的部分。因此，对顾客的抱怨予以重视，妥善解决，是降低经营成本的有效途径。

4. 收集重要信息

当顾客有抱怨时，通常会通过各种方法表达自己的不满。而通过聆听顾客的抱怨，可以获得在市场调查中所不能获得的真实信息，而且这是不用花费精力和时间资源就能提供的宝贵信息。

5. 实现经营目标

经营目标是使顾客满意，顾客的抱怨恰恰指明了方向。重视并妥善化解顾客抱怨，是开展顾客满意经营的核心。

6. 留住顾客

实践证明，对于抱怨处理感到满意的顾客，他们再度购买的比例比怀有不满却未采取行动的顾客要高得多。

## 二、顾客投诉和抱怨的类型

顾客抱怨既是经营不良的直接反映，同时又是改善销售服务十分重要的信息来源之一。事实上，并非所有的顾客有了抱怨都会进行投诉，而是以"拒绝再次光临"的方式来表达其不满的情绪，甚至会影响所有的亲朋好友采取一致的对抗行动。反过来说，如果顾客是以投诉和抱怨来表达其不满的话，至少可以提供改进的机会。通常，顾客的投诉和抱怨主要表现在对药品、服务、安全和环境等方面的不满。

**1. 对药品的投诉和抱怨**

顾客对药品的投诉和抱怨意见集中在以下几个方面。

（1）价格过高    目前出售的药品大多相似，而感慨对药品价格较为敏感，因此顾客往往会因为药品的定价比商圈内其他同类药品定价高而提出意见，要求改进。

（2）药品质量差    药品质量问题往往是顾客提出异议和抱怨最多的，主要集中问题有过保质期、品质差、包装破损等。

（3）标示不符    药品包装标示不符往往成为公开购物的障碍，因此也成为顾客产生投诉和抱怨的原因。

（4）药品缺货    顾客对药品缺货的投诉和抱怨，一般集中在热销药品和特价药品短缺上，或是没有公开想要购买的药品，这往往导致顾客空手而归。更甚至时常因为热销药品和特价药品售完而不及时补货，从而造成经常性的药品缺货，致使顾客心怀疑虑，有被欺骗感，造成顾客对其失去信心。这样不仅流失了老顾客，而且损害了药店形象。

**2. 对服务的投诉和抱怨**

为顾客提供服务，如缺乏正确的推销技巧和工作态度不佳都将导致顾客的不满，产生抱怨。

（1）服务态度不佳    具体表现为：不尊敬顾客，缺乏礼貌；语言不当，用词不准，引起顾客误解；有不当的身体语言，例如对顾客表示不屑的眼神，无所谓的手势，面部表情僵硬等；缺乏耐心，对顾客的提问或要求表示烦躁，不情愿，不够主动；对顾客爱答不理，独自忙于自己的事情，言语冷淡，似乎有意将顾客赶走。

（2）缺少专业知识    无法回答顾客的提问或答非所问。

（3）过度推销    一味地推销，不顾顾客的反应；紧跟顾客，好像在监视顾客。过分夸大药品与服务的好处，引诱顾客购买，或有意设立圈套让顾客中计，强迫顾客购买等。

（4）现有服务作业不当或服务项目不足。抽奖或赠品发放等促销活动不公平，顾客填写顾客意见表得不到任何回应；顾客投诉和抱怨未能得到及时妥善的解决；营业时间短，缺少一些便民的免费服务，没有洗手间或洗手间条件太差等。

**3. 对安全和环境的投诉及抱怨**

（1）意外事件的发生    因为安全管理上的不当，造成顾客受到意外伤害而引起顾客的投诉和抱怨。

（2）环境的影响    药品卸货时影响行人的交通；音响声太大；温度不适宜；照明设备的亮度不够或亮度太强；地面太滑；公共卫生状况不佳；建筑及设计影响周围居民的正常生活等。

4. 处理顾客投诉的原则与技巧

（1）处理原则

1）顾客始终正确。这是非常重要的观念，要用平和的心态来处理顾客的抱怨。即便顾客有错误，也要心平气和，否则会失去既有和潜在的顾客。

2）礼貌接待投诉顾客，安抚投诉者。

3）在无其他顾客处，耐心倾听投诉，并做好记录。不与顾客发生争执，如错误出自本身，应立即致歉。

4）处理事件的速度要快，要及时。

5）合理补偿投诉者的损失。

6）不让事件扩大，以免影响商誉。

7）同类事件处理原则保持一致，在处理抱怨时要注意适当地利用先例。

8）如实调查事件原因，拟定改善对策，并严格执行。

9）检讨结果，避免发生同类抱怨和投诉。

（2）处理技巧

1）把人与抱怨分开，保持冷静客观的态度听取抱怨和投诉。

2）不要在立场上争执不休。

3）运用客观标准，寻找各有所获的解决方法。

4）做出善意的让步，争取适时的结束。

# 任务三　退换货处理

 **活动一　退换货处理原则**

 议一议

如何正确处理药品售后退换货呢？

退换货就是指顾客在购买药品后的一定时间内，对确有质量问题的药品要求商家退换货和退还等价现金的行为。通常顾客在购买药品后，一般无特殊原因是不会要求退换货的，因此在接待要求退换货的顾客时，要结合具体的形势做出正确的处理，既不伤顾客的感情，又能赢利。这就要求店员要熟悉一些退换货的基本常识。

## 一、处理药品退换的原则

药品的退换常常伴随着顾客投诉或抱怨的产生，也是售后服务的重要内容。正确处理售

后药品的退换有助于商家服务质量的提高，有利于取得顾客对商家的信任。但药品作为特殊的商品，是不列为无条件退换的范围的。因一旦拆封或储存不当后就有可能污染药品，二次出售，也可能给其他顾客带来安全隐患。因此退换时要求遵循一定的原则：包装没有拆封，常规储存的商品，只要确认是本药店出售的就可以退换；如果包装已被拆，非质量因素的则一般不予退换，如是商品质量因素投诉，则可以考虑退换。

### 二、退货确认

1. 确认退货信息

售后退货，店员首先要确认该商品是否是本店出售，何时出售。

2. 质量复验

及时进行质量复验，如确认不是顾客应负责任的质量问题，应及时为顾客办理退货并向顾客道歉，还需对照库存检查同批号商品是否存在同样的质量问题。

3. 信息误导退货

由于店员介绍不准确而导致顾客要求退货的，经店长确认后予以退货，并向顾客道歉。

4. 异议处理

如遇到不符合退换要求的药品，应耐心向顾客解释清楚，以理服人。特殊情况，上报有关部门，不可与顾客发生冲突。

##  活动二　退换货处理流程

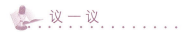 议一议

小王在药店购买了药品，因怀疑质量有问题要求退货，请问应如何处理？

### 一、退换货处理流程

1. 倾听

顾客要求退换货的原因要诚恳认真听取。

2. 检查

仔细检查要求退换的商品包装、外观、批号、购货小票，确认为本店所售商品。

3. 记录

将情况记录在售后服务记录单上或销货退回商品台账上。

4. 道歉

顾客因购买商品带来烦恼的，诚恳地向顾客表示歉意。

5. 征询

征询顾客意见，看顾客是否同意以货换货，或者退货。

6. 处理

双方协商一致后，办理商品退换货手续，开好小票，顾客要签字。

7. 退换货后处理

将退回商品进行质量验收，质量合格做必要账务处理后入库或陈列继续销售；质量不合格者则进入不合格区，登记不合格商品处理记录单，等待进一步处理。

8. 通报

将商品退换原因、处理结果向有关部门及店员通报，以期引起重视，并在今后的服务工作中加以改善。

### 二、退换货处理时的注意事项

（1）端正认识，"顾客是上帝"，处理好顾客商品退换业务是体现药店诚意的最好途径。

（2）对待办理退换货的顾客，店员要认真接待，不能推诿，不能怕麻烦，要急顾客之所急，快速帮顾客处理好商品退换。

（3）在顾客办理退换商品过程中，要向顾客诚心地道歉，并保证不发生类似事件。

（4）要对其他顾客负责。如果在一定时期内，同一药品有数起退换事件发生，就要引起高度重视，证明药品质量明显有问题，店员必须停止销售，立即向有关部门反映，并通知顾客退换。

# 任务四　顾客服务实训

### 一、实训地点

药店（或模拟药房）

### 二、实训目的

（1）使用药品销售的方法和技巧。

（2）能正确处理退换药品事宜。

（3）能正确填写各类报表。

### 三、实训材料

零售药品若干、模拟情境、包装材料

### 四、实训内容

（1）能正确接待顾客咨询，会填写各类报表（表6-1～表6-3）。

（2）能正确处理顾客抱怨，处理好药品售后退换货（表6-4、表6-5）。

## 五、实训指导

1. 接待顾客程序

迎客、接触、拿递、展示、介绍、成交、包装、计价、递交、送客。

2. 销售药品技巧

以热情的态度和巧妙的语言艺术引导顾客，成功达成交易。

（1）研究顾客心理，区别对待　对理智型顾客、习惯型顾客、经济型顾客、冲动型顾客、活泼型顾客、犹豫型顾客要在语言、态度、介绍内容上有区别。

（2）营业繁忙，有序接待　在顾客多的情况下，要保持清醒的头脑，沉着冷静：① 按先后次序，依次接待；② 灵活应用"四先四后"的原则；③ 接一顾二招呼三，交叉售货穿插进行；④ 眼观六路，耳听八方。

（3）情况特殊，特殊接待　对老、幼、病、残、孕顾客，代人购买药品的顾客，结伴而来但意见又不一致的顾客要有一套特殊接待的方法和技巧。

附：

### 表6-1　顾客查询处理记录

| 日期 | 查询内容 | 顾客姓名 | 顾客住址、电话 | 接待人 | 处理意见 | 处理结果 | 备注 |
|------|----------|----------|----------------|--------|----------|----------|------|
|      |          |          |                |        |          |          |      |
|      |          |          |                |        |          |          |      |
|      |          |          |                |        |          |          |      |

### 表6-2　信息反馈表

| 信息输出 | 日期 | | 信息发出部门 | | |
|----------|------|---|--------------|---|---|
| | 信息发出人 | | 信息级别 | | A　B　C |
| | 信息内容及要求： | | | | |
| 信息传递 | 传入日期 | | 传出日期 | | 传递部门 |
| | | | | | |
| 信息接收 | 接收部门 | | | | 处理人 |
| | 信息处理情况 处理日期： | | | | |
| 备注 | | | | | |

表 6-3　药品不良反应报告表

企业名称：　　　　　电话：　　　　　报告日期：　　年　　月　　日

| 患者姓名： | 性别： | 出生年月： | | 民族： | 体重： | 家族药品不良反应： |
|---|---|---|---|---|---|---|
| 病历号： | 工作单位或住址： | | | 电话： | 既往药品不良反应情况： | |
| 原患疾病： | | 不良反应名称： | | 不良反应发生时间： | | |
| 不良反应的表现（包括临床检验）： | | | | | | |
| 不良反应处理情况： | | | | | | |
| 不良反应结果：治愈　好转　有后遗症　表现：　死亡　直接死因：　　死亡时间：　年　月　日 | | | | | | |
| 对原患疾病的影响：不明显　病程延长　病情加重　导致后遗症　表现：　　　导致死亡 | | | | | | |

| | 商品名 | 国际专利名 | 批号 | 剂型 | 剂量 | 年销售量 |
|---|---|---|---|---|---|---|
| 怀疑引起不良反应的药品 | | | | | | |
| 并用药品 | | | | | | |
| 备注 | | | | | | |

报告人职称：　　　　　　　　　　　　　　　　　　报告人签名：

表 6-4　顾客投诉意见处理表

| 顾客姓名 | | 受理日期 | |
|---|---|---|---|
| 地址 | | 发生日期 | |
| 联系电话 | | 最后联系日期 | |
| 投诉日期 | | 结果日期 | |
| 发生日期 | | 投诉方式 | |
| 投诉内容： | | | |
| 处理原则： | | | |
| 处理经过： | | | |
| 处理接待人员： | | | |
| 意见备注： | | | |

表 6-5　售后服务记录

| 序号 | 日期 | 服务内容 | 服务原因 | 顾客姓名 | 联系住址,电话 | 处理结果 | 经办人 | 备　注 |
|------|------|----------|----------|----------|---------------|----------|--------|--------|
|      |      |          |          |          |               |          |        |        |
|      |      |          |          |          |               |          |        |        |
|      |      |          |          |          |               |          |        |        |
|      |      |          |          |          |               |          |        |        |
|      |      |          |          |          |               |          |        |        |

# 课 后 练 习

**选择题**

A 型题

1. 零售药店二次处理时,首问责任人或服务部门主管应在（　　）小时内联络或拜访顾客。

A. 8　　　　　　　B. 10　　　　　　　C. 12　　　　　　　D. 24

2. 记录顾客投诉内容时,按（　　）原则记载清楚。

A. GSP　　　　　　B. 4W1H　　　　　　C. 7S　　　　　　D. GLP

3. 查询处理程序,不包括以下哪项?（　　）

A. 首次处理　　　B. 二次处理　　　　C. 三次处理　　　　D. 结果记录

B 型题

4. 药品包装应注意的事项有哪些（　　）

A. 在包装药品前,要当着顾客的面检查药品的数量和质量,让顾客放心

B. 在包装时要注意保护药品,要防止碰坏和串染

C. 包装操作要规范,不能边聊天边包装,不准出现漏包、松捆或以破损、污秽的包装纸包装药品

D. 以单手把包好的药品递给顾客,并面带微笑致谢

E. 注意固体药品与液体药品、易破碎污染的药品和一般药品、怕热药品和一般药品不要混装

5. 医药商品退换的操作包括以下哪几项?（　　）

A. 检查　　　　　　B. 倾听　　　　　　C. 陈列

D. 处理　　　　　　E. 通报

6. 处理顾客投诉时应遵循哪些原则?（　　）

A. 有效倾听　　　B. 记录投诉内容　　　C. 表示歉意

D. 分析原因　　　E. 上报药监部门

扫一扫

# 模块七 收银与结算

药店，特别是连锁门店，很多营业员不仅承担销售导购工作，也有可能同时兼任几个岗位，如养护员、记账员、收银员等。这章节就来介绍收银与结算，使大家有感官的认识，更多接触收银与结算工作，为企业提供多元化人才。

## 任务一 收 银

 活动一 认识收银机

 议 — 议

同学们在商场或超市购买商品时，看到过收银员怎样收款的吗？

### 一、收银机的介绍

收银机是微电子技术发展及现代化商品流通管理理念和技术发展结合的产物，而商业电子收银机则是现代化、自动化商业管理必不可少的基本电子设备之一（图7-1）。

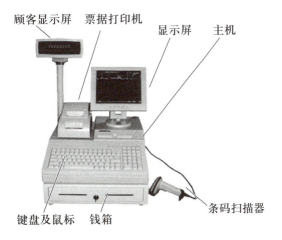

图 7-1 收银机

1. 收银机组成

收银机是由电脑主机、条码扫描器、钱箱、键盘、票据打印机、顾客显示屏、电脑显示

屏、刷卡器等部件组成。

2. 各部件的主要作用与功能

（1）电脑主机是系统的主体所在，进、存、销软件系统装在其中。

（2）键盘及鼠标图是操作的主要部件，尤其主要靠键盘右下方的数字键以及上下左右箭头键以及"Enter""确定"键来进行。

（3）顾客显示屏主要是显示给顾客看相关内容，包括药品的价格、总价和最后的找零金额。

（4）显示屏主要是工作人员操作时所依靠的主体，显示销售的一系列相关内容。

（5）扫描枪主要是通过扫描药品的条形码来对应相应的货物，出现它的一系列属性，包括价格、品名、规格等。

（6）打印机主要功能是在确定收款正确后打印收款小票，显示收款员、销售员、代码、品名、数量、规格、单价以及总价和所享受的优惠等内容。

（7）钱箱主要作用是当确定收款输入正确后，按"Enter"键确定后，开始打印售货小票的同时自动弹开钱箱，以方便找零。

## 二、收银机的操作

1. 基本操作流程

（1）收银前准备：设备准备、零钱准备以及检查打印机。

（2）登录"前台零售"，输入收银员姓名、密码，进入收银界面。

（3）根据购物小票，输入商品编号、数量。

（4）根据输入内容，进行"三唱一复"，正确收款。

（5）小票盖章，留下收银联，给顾客柜台联、顾客联及打印小票、零钱。

（6）收银结束。

2. 注意事项

（1）收银开始前一定要检查零钱是否充分；打印机的打印纸一定要够用，防止打印中途缺纸，不能出具完整的小票。

（2）收银过程中一定要使用礼貌语言，尤其注意服务忌语，药店不同于饭店、商场，千万不能说"欢迎下次光临"之类不合宜的话。

（3）唱价、唱收、唱付时一定要声音洪亮，口齿清晰，尤其是"收您多少钱?"应该让顾客能够听清楚，以避免收款过程中产生一些不必要的纠纷。

（4）对打折商品应该跟顾客交代清楚，以免顾客心中有疑虑："到底给我打折没?"而对设有会员卡的门店，根据门店的规定灵活调整是否需要核对持卡人，还应该清楚地告诉顾客会员卡所享受的优惠折扣率。

（5）收钱尤其是钱币面额较大时，一定要注意核对是否有假币以避免不必要的个人赔偿；找钱最好点两遍，少找了顾客不乐意，多找了又给个人带来不必要的损失。

（6）小票联均应盖戳，其中顾客联和柜台联应给顾客，顾客把柜台联给柜台销售人员才能取得药品。收银联自己保留，便于一天工作下来的对账。

 ## 活动二  认识验钞机

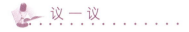

案例：店长罗女士称，某天中午，店里走进一位男顾客，拿了一盒价值 10 元左右的药品到收银台付款。男子将一张百元钞票递给她后，她隐约感觉钱手感不好，正想仔细看，顾客却发起脾气，催促她动作快点。罗女士见状赶忙把钱收下，直到下午换班时，另一个收银员才发现这是张假币。

药店作为经营企业，为确保顾客所购的每一件商品均已收银，及时避免影响正常收银工作，工作人员应熟练掌握现钞的鉴伪技术及验钞机的使用方法。

### 一、认识验钞机

验钞机：是一种检验钞票真伪的机器（图 7-2）。

验钞机按照钞票运动轨迹的不同，分为卧式和立式验钞机。卧式验钞机采用面出钞连续分张的，以每秒十五张以上的速度对钞票进行清点、辨伪，通常还具有自动开停机、预置数、防双张、防粘张和防夹心等辅助功能。辨伪手段通常有荧光识别、磁性分析、红外穿透三种方式。

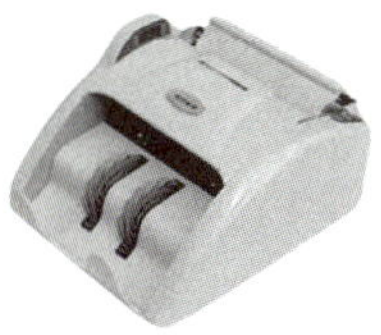

荧光检测的工作原理是针对人民币的纸质进行检测。磁性检测的工作原理是利用大面额真钞（20、50、100 元）的某些部位是用磁性油墨印刷，

图 7-2  验钞机

通过一组磁头对运动钞票的磁性进行检测、分析，可辨别钞票的真假。红外穿透的工作原理是利用人民币的纸张比较坚固、密度较高以及用凹印技术印刷的油墨厚度较高，因而对红外信号的吸收能力较强来辨别钞票的真假。

### 二、钞票真伪的识别

一眼看：真币票面中的水印立体感强，层次分明；安全线牢固地与纸张黏合在一起，并有特殊的防伪标记；阴阳互补对印、图案完整、准确；各种线条精细均匀。

二手摸：真币纸张厚度比较有手感，图像领子和旁边有水纹，用手轻轻触摸票面有凹凸感，比较粗糙。

三耳听：手持钞票用力抖动，真的纸币抖动的时候能发出清脆响亮的声音，假的纸币声音很沉，有些几乎没什么声音。

四检测：用紫外灯光照射钞票，观察有色和无色荧光油墨印刷的图案，纸张中不规则分布黄、蓝两色荧光纤维；用磁性检测仪检测黑色横号码的磁性。

 **活动三    收银机作业**

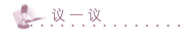

一天傍晚，一个年轻人到某药店买药，拿了一张 100 元钱给收银员，当收银员准备给他结账时，他突然说："等一下，我有零钱给你。"于是，收银员把 100 元还给他，并收取了他的零钱，等结完账，他对收银员说："你 100 元还没有还给我。"收银员虽然不太相信，见他如此肯定，只好拿出 100 元给他。到晚上结账，收银员发现营业款少了 100 元，同学们来分析一下问题出在哪里？

### 一、现金收银业务的操作

**1. 收款**

当顾客前来交款时，首先要热情地接待顾客，热情地问候顾客，然后将药品信息正确输入，确定无误后按合计键计算出应收金额，并随即告知顾客。当顾客递过现金时，收银员应双手接过顾客递交的现金，迅速准确地点清所收现金的数量，然后对顾客唱收。收款时，收银员应注意只能接收人民币或者是公司规定的外币。

**2. 验钞**

收银员在清点顾客所交来的现金时，必须对现金进行仔细检验，检查是否有伪钞和残损钞票，以避免给公司带来不必要的损失。

**3. 找零**

（1）找零的原则

1）正确找零原则：收银员不能以零钱不足为理由拒绝找零。

2）唱付找零原则：给顾客找零时，收银员必须声音自然地对顾客唱付。

3）手递票款原则：收银员在为顾客找零、递送小票时，必须将零钱和小票以及其他购物单据亲手递到顾客手中。

（2）找零技巧    日常工作中，应将不同面值的零钱放在钱箱内不同的格子中，以方便找。找零时应按最大面值的现金组合来点数现金，以节约零钱。如找零数字为 33.50 元，所找零钱的组合应为：一张 20 元的纸币、一张 10 元的纸币、三张 1 元的纸币（或硬币）和一张 5 角的纸币（或硬币）。

### 知识链接

所谓的"唱收唱付"，就是收款时要说明收取的钱数，付款时也要说明支出的钱数，找对方钱时也要说清楚找的钱数，以免出错的方法。

比如：唱收——"您好，收您 100 元。"

唱付——"您好，找您 25 元，谢谢光临。"

### 二、银行卡收银业务的操作

**1. 收卡、证**

当顾客以信用卡付款时，收银员要同时收取顾客的信用卡和身份证，接过信用卡后还应对顾客唱收，并礼貌地告诉顾客稍微等待并进行刷卡操作。

**2. 确认、审卡、刷卡、签字**

（1）确认　收到信用卡后，收银员应首先确认本处有无该卡种业务。

（2）审卡　收银员在接收顾客信用卡付款时应对顾客的信用卡选择审核，包括审核信用卡是否完整无损、顾客的有效身份证件、信用卡发行和到期年月、信用卡是否被相关金融机构列入禁用名单。

（3）刷卡　把信用卡放在刷卡机的槽口刷卡，输入金额，并检查销售单上打印的信用卡号码、收银金额、日期、身份证件号码等是否完整、清晰。保证持卡人签字前的单据清晰、有效，以尽力减少工作失误和顾客的等待时间。

（4）签字　签字即顾客签字。在上述程序结束后，收银员将销售单据交给顾客并指导顾客在相应的位置签字。收银员应将销售单上的签名与信用卡的签名进行对比，确保其真实性、正确性。

**3. 认真核实**

收银员完成上面的确认、审卡、刷卡、签字四个操作步骤后，还要认真地核实一遍，主要核实以下四个方面：

（1）核实顾客所持信用卡的有效期限。

（2）核实顾客的签字与信用卡背面的签字是否一致。

（3）核实并登记顾客的身份证号码。

（4）核实顾客所持信用卡号码是否在银行定期发布的通缉名单之上，防止有人使用盗窃来的信用卡。

此外，还有以下操作。

（1）打印单据操作完毕后，收银员要向顾客开具收款凭证，打印电脑小票或销售发票。选择付款键，打开钱箱，完成交易。

（2）发还卡、证、单据。以上收款操作程序结束后，收银员应将信用卡、身份证件、信用卡单据连同电脑小票或销售发票一同交还给顾客，同时留下单据中的药店联并放入钱箱，关闭收银箱。

## 活动四  收银员操作要求

1. 营业前的工作规范

（1）开门营业前打扫收银台和责任区域。

（2）到指定地点领取备用金并清点确认，兑换充足的零钞。

（3）检验营业用的收银机，整理和补充购物袋、打印纸等备用物品。

（4）了解当日的变价药品和特价药品。

2. 营业中的工作规范

（1）遵守收银工作要点，欢迎顾客光临。

（2）对顾客提问耐心回答。

（3）发生顾客抱怨或由于收银结算有误，顾客前来投诉交涉时，应立即与值班班长联系，由值班班长将顾客带至旁边接待处处理，以避免影响正常的收银工作。

（4）等待顾客时，可进行营业前各项工作的准备。

（5）在非营业高峰期间，听从班组长安排从事其他工作。

3. 营业结束后的工作规范

（1）营业结束时拿好备用金、营业款及各类单据，至指定地点填制清单，并按药店规定的金额留存备用金。

（2）填写现金交款单，全部点好并整理好现金。在其他人员监督下装入钱袋，将收回的购物卡及银行单据放入卡袋，拿好现金袋、卡袋到指定地点，在登记簿上签名后交收银主管签收，并将备用金有序地放入保险柜内。

（3）整理收银作业区卫生，清洁、整理各类备用品。

（4）关闭收银机并盖好防尘罩。

（5）协助现场人员做好营业结束后的其他工作。

## 任务二  盘点与结算

### 一、盘点目的

商品盘点是对商品实物数量及其价值余额的清点，是考核商品资金定额执行情况的重要依据。商品盘点是经营活动中一项重要的工作环节，盘点操作的目的是：

（1）确认经营部门在一定经营时间内的销售损益情况。

（2）掌握库存水平。

（3）了解库存管理质量。

（4）了解商品积压、短缺状况。

## 二、建立盘点制度

盘点制度是由连锁企业总部统一制定的，其内容一般包括：

1. 盘点的原则

（1）真实　要求盘点所有的点数、资料必须是真实的，不允许作弊或弄虚作假，掩盖漏洞和失误。

（2）准确　盘点的过程要求是准确无误的，无论是资料的输入、陈列的核查、盘点的点数，都必须准确。

（3）完整　所有盘点过程的流程，包括区域的规划、盘点的原始资料、盘点点数等，都必须完整，不要遗漏区域、遗漏商品。

（4）清楚　盘点过程属于流水作业，不同的人员负责不同的工作，所以所有资料必须清楚，人员的书写必须清楚，货物的整理必须清楚，才能使盘点顺利进行。

（5）团队精神　盘点是全店人员都参加的营运过程。为加快盘点的进程，各个部门必须有良好的配合协调意识，以大局为重，使整个盘点按计划进行。

2. 盘点的方法

以盘点区域来区别，可分为全面盘点和分区盘点。全面盘点是指在规定的时间内，对店内所有存货进行盘点；分区盘点是指将店内商品以类别区分，每次依顺序盘点一定区域。

以盘点时间来区别，可分为营业中盘点、营业前（后）盘点和停业盘点。营业中盘点就是"即时盘点"，营业与盘点同时进行；营业前（后）盘点是指开门营业之前或打烊之后进行盘点；停业盘点是指在正常的营业时间内停业一段时间来盘点。

以盘点周期来区别，可分为定期和不定期盘点。定期盘点是指每次盘点间隔时间相同，包括年、季、月度盘点、每日盘点、交接班盘点。不定期盘点是指每次盘点间隔时间不一致，是在调整价格、改变销售方式、人员调动、意外事故、清理仓库等情况下临时进行的盘点。

## 三、账务处理的规定

连锁企业门店通常种类繁多，各类商品的实际成本的计算有一定的困难，因而一般都采用"零售价格法"来进行账面盘点。其计算公式如下：

账面金额=上期库存零售额+本期销售金额-本期销售金额-本期调整变价金额+本期进货零售额

### 四、商品盘点基本操作步骤

1. 盘点前的准备

盘点前门店要告知供应商,以免供应商的商品在盘点时送货,造成不便。如果是停业盘点,门店还必须贴出安民告示,提前告知顾客,以免顾客在盘点时前来购物而徒劳往返。除了这两项门店盘点作业的准备外,盘点前的准备工作主要还有:

(1) 环境整理　门店一般应在盘点时做好环境整理工作,主要包括:检查各个区位的商品陈列、仓库存货的位置和编号是否与盘点配置图一致;清除卖场和作业场所的死角;将各项设备、备品及工具存放整齐。

(2) 商品整理　在实际盘点开始前2天,门店应对商品进行整理,这样会使盘点工作更有序、更有效。例如:在连锁药店中,对商品进行整理要抓住这几个重点:

1) 价格标签检查:货架上同一单品归集在标价签旁,不允许商品在盘点时仍然杂乱无章。

2) 排面,单品清晰:货架顶部整件商品应尽量置放于货架上陈列的同一单品的正上方,并且将货架顶部空的箱子拿掉,以免空箱子在盘点时都按实计算;对不足整箱的商品集装并在箱外标明数量。

3) 清理退货及破损商品:将已报损处理、已打退厂单的商品单独整理,统一存放在退货区域,对于未打入库单的商品,统一存放在验货区,不计入盘点表。

(3) 准备好盘点工具　将有关的盘点工具与用品加以准备,若使用盘点机盘点,需先检验盘点机是否正常操作,如采用人工填写的方式,则须准备盘点表及红、蓝圆珠笔。

(4) 单据整理　为了尽快获得盘点结果(盘亏或盘盈),盘点前应整理好如下单据:① 进货单据整理;② 变价单据整理;③ 净销货收入汇总(分无税和含税两种);④ 报废品汇总;⑤ 赠品汇总;⑥ 移库单整理;⑦ 报废品单据;⑧ 商品调拨单据;⑨ 前期盘点单据等。

总之,商品盘点前要做到“三清两符”,即票证数清、现金点清、往来手续结清,会计记账与柜组账相符,账簿与有关单据相符。

2. 商品盘点操作

盘点作业正式开始前,首先要确定盘点区域的责任人员,店长应简要说明盘点工作的重要性、盘点的要求、盘点常犯的错误及异常情况的处理。商品不单单是商品,而是“金钱”,应该以点钱的责任心来清点商品,来不得半点马虎;然后是发放盘点清单,告知填写盘点表的方法:

（1）点货（点库存商品），对卡（对货卡，以卡对账），对账（对商品明细账）。

（2）核对相符应做好盘点标记并盖章（商品盘点表见表8-19）。

（3）盘点发现库存商品数量有溢余或短缺，不但要做好盘点标记及盖章工作而且要填制盘点损益情况说明表（表7-1）。

表7-1　商品盘点表

部门：　　　　　　　　　　　　年　　月　　日　　　　　　　货架编号：

| 货号 | 品名 | 规格 | 数量 | 零售价 | 金额 | 复点 | 抽点 | 差异 |
|------|------|------|------|--------|------|------|------|------|
|      |      |      |      |        |      |      |      |      |
|      |      |      |      |        |      |      |      |      |
|      |      |      |      |        |      |      |      |      |
| 小计 |      |      |      |        |      |      |      |      |

抽点：　　　　　　　　　　　　复点：　　　　　　　　　　　　初点：

在告知盘点单填写方法的同时，还要告知劣质或破损品的处理方法，如将这些商品汇总起来，与正常的商品区分开来，汇集到指定地点统一处理等。盘点作业可分为初点作业、复点作业和抽点作业。

（1）初点作业　盘点人员在实施盘点时，应按照负责的区位，由左而右、由上而下展开盘点。若在营业中盘点，卖场内先盘点购买频率较低且售价较低的商品，并注意不可高声谈论，或阻碍顾客通行；不同特性商品的盘点应注意计量单位的不同；盘点时应顺便观察商品的有效期，过期商品应随即取下，并做记录。

（2）复点作业　复点可在初点进行一段时间后进行。复点人员应手持初点的盘点表，依序检查，把差异填入差异栏；复点人员须用红色圆珠笔填表，复点时应再次核对盘点配置图是否与现场实际情况一致。

（3）抽点作业　对各小组和各责任人员的盘点结果，门店店长等负责人要认真加以抽查，抽点作业应注意：① 检查每一类商品是否都已盘点出数量和金额，并有签名。② 抽点的商品可选择卖场内的死角，或不易清点的商品，或单价高、数量多的商品，做到确实无差错。③ 对初点与复点差异较大的商品要加以实地抽点。④ 复查劣质商品和破损商品的处理情况。

（4）店长的盘点作业检查　在整个盘点作业进行过程中，门店店长还须填写由总部设计的门店商品盘点操作规范检查表，它是供店长在完成盘点作业过程中，检查门店是否按照盘点的操作规范进行的表格，其基本要求如下：① 每次盘点时必须由店长实事求是地填写，以保证盘点作业的严密性。② 该表格在盘点作业账册结束后，由店长在店长会议上递交。③ 门店执行《门店盘点操作规范检查表》的工作情况，将纳入连锁企业总部营运部考核门店的指标之中。④ 盘点记录的善后工作。

在确认盘点记录无异常情况后，就要进行第二天正常营业的准备和清扫工作。这项善后工作的内容包括补充商品，将陈列的样子恢复到原来的状态，清扫通道上的纸屑、垃圾等。善后工作的目的是要达到整个门店第二天能正常营业的效果。

3. 盘点后处理

（1）资料整理　将盘点表全部收回，检查是否都有签名或遗漏，并加以汇总。

（2）计算盘点结果　在营业中盘点应考虑盘点中所出售的商品金额，并进行盘点作业的账册工作。盘点账册的工作就是将盘点单的原价和数量相乘，合计出商品的盘点金额。这项工作进行时，要重新复查一下数量栏，审核一下有无单位上的计量差错，对出现的一些不正常数字要进行确认，订正一些字面差错。将每一张盘点单上的金额相加就结出了合计的金额。

（3）盘点结果上报总部　门店要将盘点结果送至总部财务部，财务部将所有盘点数据复审之后就可以得出该门店的营业成绩，结算出毛利和净利，这就是盘点作业的最后结果。

（4）根据盘点结果实施奖惩措施　商品盘点的结果一般都是盘损，即实际值小于账面值，但只要盘损在规定范围内应视为正常。商品盘损的多寡，可对当事者予以处罚。

（5）根据盘点结果找出问题，并提出改善对策　一般情况下，各个连锁企业都有盘损率的基本限额，如超过此限额，就说明盘点作业结果存在异常情况，要么是盘点不实，要么是企业经营管理状况不佳。采取的对策是，重新盘点或查找经营管理中的缺陷。因而，各个门店店长必须对盘损超过指标的商品查找原因，并说明情况（表7-2）。

表7-2　盘点损益结果情况说明

| 品名 | 品号 | 原盘点金额 | 实际数量 | 差额 | 复点数量 | 与实际数量差额 | 备注 |
|---|---|---|---|---|---|---|---|
| 原因 | | | | | | | |
| 对策 | | | | | | | |

## 任务三　药品零售票据

根据《消费者权益保护法》的规定，经营者提供商品，应当按照国家规定向消费者出具购货凭证。药店作为经营企业，在药品销售过程中，必须为顾客提供发票。同时对药店和柜台来说，它是经营活动中重要的商业凭证。

## 一、发票

### 1. 发票的形式

发票分为普通发票、专业发票和增值税专用发票三类。

发票的基本联次一般为三联，一联为存根联，由开票方留存备查；一联为发票联，由收执方作为付款或者收款的原始凭证；一联为记账联，由开票方作为记账的原始凭证。增值税专用发票还应包括一联抵扣联，由收执方作为抵扣税款的凭证。除增值税专用发票外，县（市）以上税务机关根据需要可适当增减联次并确定其用途。

增值税专用发票是指专门用于结算销售货物和提供加工、修理修配劳务使用的一种发票。药店销售药品，必须为消费者开具增值税专用发票。增值税专用发票有纸质和电子两种形式。

纸质增值税专用发票，应按规定从防伪税控系统统一开具（图 7-3）。

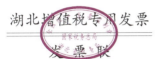

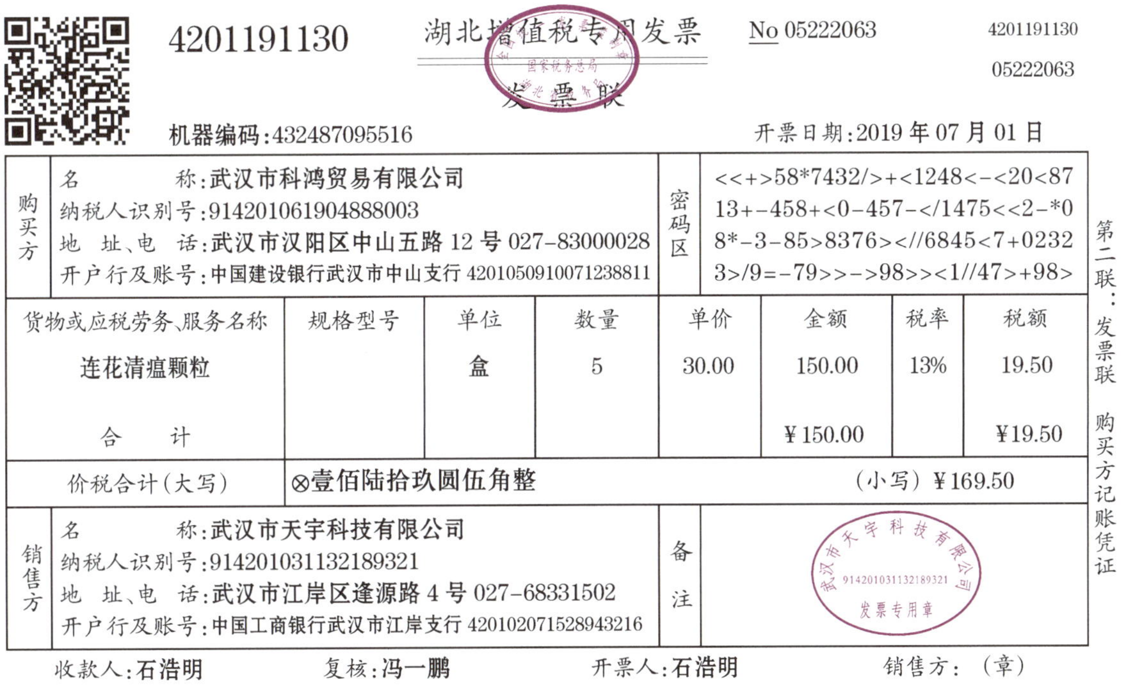

| | 4201191130　　湖北增值税专用发票　No 05222063 | | | | | 4201191130 05222063 | |
|---|---|---|---|---|---|---|---|
| | 机器编码:432487095516 | | | | | 开票日期:2019 年 07 月 01 日 | |
| 购买方 | 名　　称:武汉市科鸿贸易有限公司 纳税人识别号:914201061904888003 地　址、电话:武汉市汉阳区中山五路 12 号 027-83000028 开户行及账号:中国建设银行武汉市中山支行 4201050910071238811 | | | | 密码区 | <<+>58*7432/>+<1248<-<20<8713+-458+<0-457-</1475<<2-*08*-3-85>8376></16845<7+02323>/9=-79>>->98>><1//47>+98> | |
| 货物或应税劳务、服务名称 | 规格型号 | 单位 | 数量 | 单价 | 金额 | 税率 | 税额 |
| 连花清瘟颗粒 | | 盒 | 5 | 30.00 | 150.00 | 13% | 19.50 |
| 合　　计 | | | | | ¥150.00 | | ¥19.50 |
| 价税合计(大写) | ⊗壹佰陆拾玖圆伍角整 | | | | (小写) ¥169.50 | | |
| 销售方 | 名　　称:武汉市天宇科技有限公司 纳税人识别号:914201031132189321 地　址、电话:武汉市江岸区逢源路 4 号 027-68331502 开户行及账号:中国工商银行武汉市江岸支行 420102071528943216 | | | | 备注 | | |
| 收款人:石浩明　　复核:冯一鹏　　开票人:石浩明 | | | | | 销售方:(章) | | |

右侧竖排：第二联:发票联　购买方记账凭证

图 7-3　发票票样

随着电子商务的发展，企业的纸质发票开具、邮寄和管理等成本不断上升，同时现代信息技术也能够支持电子发票相关技术的要求，可以与企业内部的 ERP、CRM、SCS 等系统相结合，发票资料全面电子化并集中处理，有助于企业本身的账务处理，并能及时提供企业经营者决策支持。电子发票一方面可以节约企业在发票上的成本，另一方面也可以节约税务机关发票的印制成本，提高社会整体效益。

电子发票是指纸质发票的电子映像和电子记录。纳税人可以在线领购、在线开具、在线传递发票，并可实现在线申报。电子发票与传统纸质发票具有同等法律效力，可作为用户报销、抵扣税款和维权、保修的有效凭据。

同纸质发票一样，采用税务局统一发放的形式给商家使用，发票号码采用全国统一编码，采用统一防伪技术，分配给商家，在电子发票上附有电子税局的签名机制。

2. 增值税专用发票的开具要求

由于增值税专用发票的特殊性和重要性，要严格执行开具要求，对不符合要求的增值税专用发票，购买方有权拒收。

专用发票的开具要求如下：

（1）项目齐全，与实际交易相符。

（2）字迹清楚，不得压线、错格。

（3）发票联和抵扣联加盖发票专用章。

（4）按照增值税纳税义务的发生时间开具。

## 二、支票

支票是出票人签发，委托办理支票存款业务的银行或者其他金融机构在见票时无条件支付确定的金额给收款人或持票人的票据。使用方便，手续简便、灵活。

在销售活动中，最常见的是转账支票和现金支票（图7-4）。

图7-4　支票

1. 转账支票

是单位购买商品结算货款的一种方式。它是同城所在单位之间进行商品交易中最普通的一种结算方式，具有结算简便、灵活、严格现金管理制度等优点。转账支票只能用于转账，不能用于提取现金。

2. 现金支票

是专门制作的用于支取现金的一种支票。当客户需要使用现金时，随时签发现金支票，向开户银行提取现金，银行在见票时无条件支付给收款人确定金额的现金的票据。

3. 支票的审核

销售人员在药品销售中，收到支票应做好以下工作：

（1）检查支票的真伪。

（2）验收支票上的内容是否齐全，特别是出票人的印章是否清晰、完整。

（3）录入用票人的有关信息，要求用票人出示身份证并在支票背面记录姓名、身份证号及联系电话等。

4. 现金支票和转账支票的填写

（1）出票的日期（大写）　数字规定必须大写，数字大写的写法是：零、壹、贰、叁、肆、伍、陆、柒、捌、玖、拾。

例如：2002 年 1 月 1 日：贰零零贰年零壹月零壹日

捌月前零字可写也可不写，伍日前零字必写。

2010 年 4 月 15 日：贰零壹零年零肆月壹拾伍日

壹月贰月前零字必写，叁月至玖月前零字可写可不写。拾月至拾贰月必须写成壹拾月、壹拾壹月、壹拾贰月（前面多写了"零"字也认可，如零壹拾月）。

壹日至玖日前零字必写，拾日至拾玖日必须写成壹拾日及壹拾×日（前面多写了"零"字也认可，如零壹拾伍日，下同），贰拾日至贰拾玖日必须写成贰拾日及贰拾×日，叁拾日至叁拾壹日必须写成叁拾日及叁拾壹日。

（2）付款行名称、出票人账号　即为本单位开户银行名称及银行账号（账号是小写的阿拉伯数字）。如图 7-4 所示：付款行名称；农行科技城分理处；出票人账号：32409102980102089。

（3）收款人

1）现金支票收款人可以写为本单位名称，这时现金支票背面为"被背书人"，请保留此标记内加盖本单位的财务专用章和法人章，之后收款人可凭现金支票直接到开户的银行领取现金（有部分银行各营业点联网的可到联网营业点直接取款，具体的要看联网覆盖范围而定）。

2）现金支票收款人可写收款人个人姓名，此时现金支票背面不盖任何章，收款人在现金支票背面填上身份证号码和发证机关名称，凭身份证和现金支票签字领款。

3）转账支票收款人应填写对方单位名称。转账支票背面本单位不盖章。收款单位取得转账支票后，在支票背面被背书栏内加盖收款单位财务专用章和法人章，填写好银行进账单后连同该支票交给收款单位的开户银行委托其收款。

（4）人民币（大写）：大写数字的写法是：零、壹、贰、叁、肆、伍、陆、柒、捌、玖、亿、万、仟、佰、拾。

支票填写样式和格式需要注意的："万"字不带单人旁。

例如：279 546.26 贰拾柒万玖仟伍佰肆拾陆元贰角陆分。

7 560.31 柒仟伍佰陆拾元零叁角壹分。

此时"陆拾元零叁角壹分""零"字可写可不写。

532.00 伍佰叁拾贰元整。

# 任务四　药品收银与盘货实训

## 一、实训地点

药店（或模拟药房）

## 二、实训目的

（1）使学生掌握药品的销售小票填写，掌握收银工作，熟悉对发票、支票的填写与管理。

（2）使学生掌握药品的盘点步骤以及盘点的注意事项。

## 三、实训材料

收银机，验钞机，各种表格和相应的数据，提供各种药品、表格、账册等，对药房的药品进行盘点。

## 四、实训内容

1. 收银操作

（1）实训室（药房）制度学习。

1）文具、书籍检查，工作服、到课时间，学习情况、课后卫生等。

2）实训室（药房）规章制度学习。

（2）药品的销售操作。

1）销售小票：下面是药店里比较常见的销售小票式样，要求完成随机5种药品的销售小票填写。

2）收银作业：完成销售小票中药品的收银（现金或支票，人工或收银机）。

3）发票和支票：熟悉零壹贰叁肆伍陆柒捌玖、拾佰仟万。识别各种支票、发票等。商业票据、凭证填写练习。

（3）实训练习

1）模拟408药房、红旗卫生院基本情况。

408 药房

地址：杭州开明街 118 号　电话：88408408　税号：330226100200100

银行账号：319230101440065652　开户：工商银行鼓楼支行

红旗卫生院

银行账号：39011230087643338　开户银行：建设银行亚城分理处

2）业务发生情况。

2012 年 3 月 5 日，红旗卫生院向 408 药房购进一批西药，合计人民币 32 560 元。

顾客王小姐于 2012 年 3 月 20 日向 408 药房购得胃复春 2 瓶，单价 45.16 元；胃炎干糖浆 4 瓶，单价 8.54 元；泰胃美 3 盒，每盒 35.91 元。

2012 年 5 月 19 日，李先生向 408 药房购得培菲康 2 瓶，单价 22.60 元，高丽参 5 盒，单价 52.38 元。

3）实训要求

根据第一笔业务开具转账支票和普通发票（假设符合支票要求）。

根据第二、三笔业务开具普通零售发票。

4）实训评分标准：

| 项目 | 评分标准 | 分值 | 得分 | 备注 |
| --- | --- | --- | --- | --- |
| 实训室规章 | 规章、纪律、卫生等 | 10 分 | | |
| 收银作业 | 2 种销售小票各 10 分 | 20 分 | | |
| | 准备情况 10 分<br>三唱一付等 20 分<br>结束后处理 10 分 | 40 分 | | |
| | 支票填写 10 分<br>发票填写 10 分 | 20 分 | | |
| | 团体配合、服务能力 | 10 分 | | |
| 被考核人 | | 得分 | | |

2. 药品的盘点操作

（1）初点作业。

步骤一：点货，对卡，对账。

步骤二：核对相符，做好盘点标记并盖章，填写"商品盘点表"。

步骤三：商品若有溢余或短缺，做好盘点标记及盖章，填制"盘点损益情况说明表"。

步骤四：盘点后处理（整理资料、计算盘点结果、报送财务部）。

步骤五：整理现场，做营业准备。

（2）复点作业。

步骤一：核对盘点配置图与现场实际情况的一致性。

步骤二：依据初点的盘点表，依序检查，做好盘点标记并盖章。

步骤三：发现差异用红色圆珠笔把差异填入差异栏中。

步骤四：盘点后处理（整理资料、计算盘点结果、报送财务部）。

步骤五：整理现场，做营业准备。

评分标准：

| 项目 | 评分标准 | 分值 | 得分 | 备注 |
|---|---|---|---|---|
| 实训室规章 | 规章、纪律、卫生等 | 10 分 | | |
| 初点 | 准备情况 10 分<br>盘点操作 20 分<br>盘点后处理 5 分 | 35 分 | | |
| 复点 | 准备情况 10 分<br>盘点操作 20 分<br>盘点后处理 5 分 | 35 分 | | |
| 团体表现 | 分工、配合 5 分<br>进度 10 分<br>团队精神 5 分 | 20 分 | | |
| 被考核人 | | 得分 | | |

# 课 后 练 习

## 一、选择题

A 型题

1. 收银系统的主体是（      ）。

A. 顾客显示屏       B. 键盘及鼠标       C. 电脑主机       D. 打印机

2. 收银员应当认真完成银行卡支付的四个操作步骤包括（      ）。

A. 检查、审核、使用、签字          B. 确认、审查、使用、签名

C. 确认、审卡、使用、签名          D. 确认、审卡、刷卡、签字

3. 盘点中复点人员须用（      ）填表，复点时应再次核对盘点配置图是否与现场实际情况一致。

A. 黑色圆珠笔                              B. 红色圆珠笔

C. 黑色墨水笔                                D. 铅笔

4. 普通发票一般一式三联，第一联为存根，第二联为发票联，第三联为（     ）。

A. 顾客联                                    B. 记账联

C. 随货同行联                                D. 柜组联

B 型题

5. 钞票真伪的识别（     ）。

A. 一眼看              B. 二手摸              C. 三耳听

D. 四辨识              E. 五检测

6. 以盘点时间来区别，可分为（     ）。

A. 营业中盘点          B. 营业前（后）盘点          C. 月度营业盘点

D. 季度营业盘点        E. 停业盘点

二、名词解释

支票

扫一扫

# 模块八　职业规划

"一个不能靠自己的能力改变命运的人，是不幸的，也是可怜的，因为这个人没有把命运掌握在自己手中，反而成为命运的奴隶。"职业规划，是我们从学校走向社会最重要的一块基石，也是我们职业生涯的开端，更使我们有了正确的自我认知以及职业认知并对自己未来的角色定位。职业规划，让我们离成功更近一步。

## 任务一　成为药师

 ### 活动一　药师概述

药师，指从事制药、配药或者负责提供药物知识及药事服务的专业人员。古时为药工、医师的统称，现代也指药剂师。

 知识拓展

### 药师和执业药师的区别

药师是药学专业技术人员的职称，分为初级（药士、药师）、中级（主管药师）以及高级（副主任药师、主任药师）。药师按专业不同还可分中药师、（西）药师。而执业药师，是职业的一种准入资格，是国家药品监督管理局与人力资源社会保障部共同负责的考试，主要针对的是医药行业，代表的是医药行业的从业资格。

 ### 活动二　药师职责

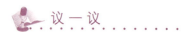 议一议

作为一名药店药师，他的职责有哪些呢？

随着近年来"大病进医院，小病进药店"的自我诊疗观念的不断普及，越来越多的人更倾向于进药店寻求用药指导。而药师，作为药店的核心人物，肩负着比一般药店工作人员更

重要的责任。其岗位职责包括如下内容。

### 一、严格执行医药法律法规

（1）严格执行与药品相关的各项法律法规及政策，并有责任对违反者提出劝告、制止并向上级汇报。

（2）参与并组织实施药店质量管理制度的制定，积极开展药品质量控制与监督工作。

（3）增强自身的法律意识，做到懂法、守法，还要对药店的其他员工进行阶段性法律法规的宣传教育。

### 二、严把药品质量关卡

（1）树立"品质第一"的思想，严格执行《药品经营质量管理规范》，并遵守职业道德。

（2）严格控制药品的进货渠道，对购进药品的批发企业，必须验证他们的证照是否齐全、真实，发票是否正规，确认无误后再签署购销合同。

（3）对本店药品进货检查验收，合格后方能上柜台销售。

（4）入库药品应按性质分类保管，注意温度、湿度、通风、光线的条件，防止药品失效、蛀、发霉、变质。

（5）负责药品陈列、检查养护等工作，保证药品质量符合规定。

（6）做好处方药和非处方药的分类管理，指导监督员工对处方药和非处方药进行正确摆放、陈列。

（7）在药品管理过程中，对过期、变质、潮解、霉变、虫蛀、鼠咬等不合格的商品严禁上柜销售，并报当地食品药品监督管理局后销毁。

### 三、提升专业服务

（1）加强对药品知识的深入了解，包括原有及新增药品的功效，不良反应，配伍禁忌，注意事项等，确保对每个药品的全面掌握。

（2）了解患者的病情病史以及用药情况，帮助患者分析病因，指导患者进行合理用药。对于孕期或哺乳期妇女，肝、肾功能不良患者以及特殊个体（老人，妇女、儿童）应特别交代用药注意事项，保证患者用药的安全性。

（3）在处方调配中，负责审查处方的姓名、年龄、性别、药品剂量及医师签章。如有药名书写不清，药味重复、剂量超标、有"相反""相畏""妊娠禁忌"等情况，向顾客说明，要求处方医师更正或重新签章后再配方，否则拒绝调配。

（4）对店内员工进行药品的质量、疗效、不良反应等内容的专业培训及指导，提升店内员工的专业能力，便于更好地为消费者服务。

 活动三　处方药和非处方药的管理

#### 一、处方药和非处方药的简介

药物，作为一种特殊商品，为了保证人类的健康，其在研制、生产、销售以至使用的各个环节都受到相应法律法规的严格控制，且参与这些环节的组织机构或者个人（药品批发商、药品零售业业主，医生等）都要经过政府主管部门授予相应的权限（生产许可，经营许可等）。对药品的使用者，即药品消费者来说，获得和使用某些药品也不是任意的。根据消费者获得和使用药品的权限作为划分依据，目前国际上将药品分成处方药（Rx）和非处方药（OTC）。

#### 二、处方药

1. 处方药定义

处方药（Rx）：为保证用药安全，由国家卫生行政部门规定或审定的，必须凭执业医师或执业助理医师处方，并在执业医师或执业助理医师监督或指导下才可使用的药品。

2. 处方药分类

处方药的范围主要分以下三类：

（1）上市的新药，其活性及对人体可能产生的副作用尚需观察。

（2）药品本身毒性较大，例如抗癌药物（如卡莫斯丁、盐酸吉西他滨等）。

（3）特殊管理药品，即麻醉药品、精神药品、医疗用毒性药品、放射性药品等国家规定管制的药品。

3. 处方药管理

处方药由于其特殊性，所以必须凭执业医师处方销售、购买和使用，并且执业药师必须对医师处方进行审核、签字后根据处方正确调配、销售药品。对于有配伍禁忌或者超剂量的处方，药师可拒绝调配以及销售，直至执业医师修改或更正处方并签字后方可调配、销售。

#### 三、非处方药

1. 非处方药定义

非处方药（OTC）：与处方药正好相对，是指为方便公众用药，在保证用药安全的前提下，经国家卫生行政部门规定或审定后，不需要医师或其他医疗专业人员开写处方即可购买的药品，一般公众凭自我判断，按照药品标签及使用说明就可自行使用。如图 8-1 为非处方药购买温馨提示。

2. 非处方药基本特点

不同国家和不同地区对于非处方药的标准也不尽相同。各自有着自己的 OTC 标准，但是都有着非处方药的基本特点，如下：

（1）应用安全　非处方药经过长时间全面的考察，根据现存资料以及各种临床使用经验证明其高度的安全性。不会引起药物依赖性，毒副作用小。

（2）疗效明确　非处方药针对性较强，便于消费者自我诊疗以后对药品有一个正确选择，用于缓解轻微病症或者诊疗明确的慢性疾病，多次普遍性应用也不会导致疗效的降低。

（3）标志详细　非处方药说明书内容详尽，包括适应证、用法用量、不良反应、注意事项和服用禁忌等，使用时无须医务人员指导，消费者可根据药品说明书自行服用。

（4）使用方便　非处方药主要以口服、外用为主，方便消费者使用。

（5）储存方便　非处方药一般储存条件较为简单方便。

3. 非处方药的分类及专有标志

非处方药是由处方药经过长期应用、确认有疗效、质量稳定、非医疗专业人员也能安全使用的药物。按照其安全性划分，还分为甲类为处方药（如图 8-2）和乙类为处方药（如图 8-3）。

（红底白字）

图 8-2　甲类非处方药

（绿底白字）

图 8-3　乙类非处方药

甲类非处方药：必须在具有《药品经营许可证》并配备执业药师（或驻店药师）的药店调配、销售的非处方药。

乙类非处方药：可在经省级药品监督管理部门或其授权的药品监督管理部门批准的其他商业企业零售的非处方药。除了可以在药店出售外，还可以在超市、宾馆、百货商店等处销售。

## 四、处方药和非处方药分类管理制度

处方药和非处方药的分类并不是按照药品的本质属性来划分的，而是依据对其的管理方式而做出的界定，秉持药品"安全有效、使用方便"的原则，根据药品品种、规格、适应证、剂量及给药途径不同对药品进行分类管理。

**练一练**

模拟现场招聘药师和营业员，从应聘者的叙述中，找出两者职责的差异。

**知识链接**

1999年6月11日，原国家药品监督管理局局务会审议通过了《处方药与非处方药分类管理办法》（试行），于1999年6月18日以第10号国家药品监督管理局令发布，自2000年1月1日起施行。

# 任务二　成为店长

 **活动一　店长概述**

药店店长是指受连锁医药企业委派管理医药门店的管理人员，或自主经营药店门店的业主，经中国就业技术培训中心授权单位培训，并通过相关考试，获得职业证书的人员。

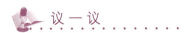 **活动二　店长职责**

**议一议**

假如你成功应聘上药店店长一职，你会从哪些方面入手？

**一、角色定位**

作为一名店长，如果无法准确定位自己的角色，不懂得正确管理自己的团队以及门店，将会在如今激烈的行业竞争中节节挫败。店长，是门店中最重要的灵魂人物，可以带动团队，赋予门店独特的生命力，他既是盈利责任人，也是药店管理者，更是企业文化制度的执行者和传达者。

**二、必备素质**

店长是药店的一店之长，其素质高低直接影响着药店的经营与发展。因此店长应努力提高自身素质，以适应药品零售业发展的需要。

1. 高尚的职业道德

高尚的经营道德、良好的个人品质是成为一名优秀店长所必须具备的。同时也要严格遵守药店经营规范和各项规章制度，以身作则。

2. 过硬的专业技能

在药学方面，要时常给自己充电，提升自己的药学服务水平，掌握经营药品的名称、规格、使用方法及储存方法等。在制度建设和药店管理方面，能够在充分了解药店的经营现状下，分析本分店未来发展方向，负责制定并依据经营方针与目标来建立药店服务管理制度。

3. 强烈的团队精神

团队精神是高绩效团队中的灵魂，是成功团队身上难以琢磨的特质。药店店长的团队意识，对团队精神起着决定性的作用。店长的团队意识能很好地把店员凝聚到一起，拧成一股韧性十足的力量。

4. 永恒的创新意识

创新是一个民族的灵魂，也是企业生存的原动力。同样，药店如果要长久生存，店长必须具备创新意识，包括对药店整体发展计划的创新以及对内部员工组织管理的创新。

### 三、岗位职责

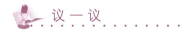

议一议

店长的岗位职责有哪几个方面？

1. 人员管理

（1）负责对员工考勤的记录（图8-4）、报告以及对员工仪容仪表和服务规范执行情况的监督与管理。

（2）依据工作实际情况进行人员的提升、降级和调动，并适时引导员工建立符合其个人的职业发展路线。

（3）领导员工完成各阶段任务，达到指定的销售目标。

（4）建立并完善药店的各项规章制度，特别是合理的奖惩制度，激发员工的工作积极性。

（5）为新员工提供实习训练和提高技能的培训，为各级管理人员提供能力锻炼及测试的场所。

（6）重视沟通，积极开展细致的思想工作，协调员工之间的关系，使员工有一个融洽的工作环境，增强药店的凝聚力。

_____年_____月员工出勤考核表

| 日期　　　姓名 | | 1 | 2 | 3 | 4 | 5 | 6 | 7 | 8 | 9 | 10 | 11 | 12 | 13 | 14 | 15 | 16 | 17 | 18 | 19 | 20 | 21 | 22 | 23 | 24 | 25 | 26 | 27 | 28 | 29 | 30 | 31 | 合计 | | | | | | | |
|---|---|---|---|---|---|---|---|---|---|---|---|---|---|---|---|---|---|---|---|---|---|---|---|---|---|---|---|---|---|---|---|---|---|---|---|---|---|---|---|---|
| | | | | | | | | | | | | | | | | | | | | | | | | | | | | | | | | | 出勤 | 公出 | 公休 | 事假 | 旷工 | 探亲 | 病假 | 其他 |
| | 上 | | | | | | | | | | | | | | | | | | | | | | | | | | | | | | | | | | | | | | | |
| | 下 | | | | | | | | | | | | | | | | | | | | | | | | | | | | | | | | | | | | | | | |
| | 上 | | | | | | | | | | | | | | | | | | | | | | | | | | | | | | | | | | | | | | | |
| | 下 | | | | | | | | | | | | | | | | | | | | | | | | | | | | | | | | | | | | | | | |
| | 上 | | | | | | | | | | | | | | | | | | | | | | | | | | | | | | | | | | | | | | | |
| | 下 | | | | | | | | | | | | | | | | | | | | | | | | | | | | | | | | | | | | | | | |
| | 上 | | | | | | | | | | | | | | | | | | | | | | | | | | | | | | | | | | | | | | | |
| | 下 | | | | | | | | | | | | | | | | | | | | | | | | | | | | | | | | | | | | | | | |
| | 上 | | | | | | | | | | | | | | | | | | | | | | | | | | | | | | | | | | | | | | | |
| | 下 | | | | | | | | | | | | | | | | | | | | | | | | | | | | | | | | | | | | | | | |
| | 上 | | | | | | | | | | | | | | | | | | | | | | | | | | | | | | | | | | | | | | | |
| | 下 | | | | | | | | | | | | | | | | | | | | | | | | | | | | | | | | | | | | | | | |
| | 上 | | | | | | | | | | | | | | | | | | | | | | | | | | | | | | | | | | | | | | | |
| | 下 | | | | | | | | | | | | | | | | | | | | | | | | | | | | | | | | | | | | | | | |
| | 上 | | | | | | | | | | | | | | | | | | | | | | | | | | | | | | | | | | | | | | | |
| | 下 | | | | | | | | | | | | | | | | | | | | | | | | | | | | | | | | | | | | | | | |
| | 上 | | | | | | | | | | | | | | | | | | | | | | | | | | | | | | | | | | | | | | | |
| | 下 | | | | | | | | | | | | | | | | | | | | | | | | | | | | | | | | | | | | | | | |
| | 上 | | | | | | | | | | | | | | | | | | | | | | | | | | | | | | | | | | | | | | | |
| | 下 | | | | | | | | | | | | | | | | | | | | | | | | | | | | | | | | | | | | | | | |
| | 上 | | | | | | | | | | | | | | | | | | | | | | | | | | | | | | | | | | | | | | | |
| | 下 | | | | | | | | | | | | | | | | | | | | | | | | | | | | | | | | | | | | | | | |
| | 上 | | | | | | | | | | | | | | | | | | | | | | | | | | | | | | | | | | | | | | | |
| | 下 | | | | | | | | | | | | | | | | | | | | | | | | | | | | | | | | | | | | | | | |
| | 上 | | | | | | | | | | | | | | | | | | | | | | | | | | | | | | | | | | | | | | | |
| | 下 | | | | | | | | | | | | | | | | | | | | | | | | | | | | | | | | | | | | | | | |

代号：出勤／　　公出△　　公休{休}　　事假⊗　　旷工✕　　探亲〵　　病假⊗　　产假⊘　　婚丧假⌐　　考勤员：_____

图 8-4　员工出勤考核表

## 2. 销售管理

（1）根据药店各类药品的销售情况，及时调整经营品种结构并制定合理的补货申请。门店店长在进行补货申请前要做好的几个工作：存货检查、适时补货以及适量补货。

 知识拓展

存货检查：店长应随时注意检查货柜及仓库里的存货，若有品种出现低于安全存量、脱销或遇到门店搞促销活动而使商品供不应求时，都必须考虑适量补货，同时，在进行存货检查时，还可顺便检查该商品的库存量是否过多，这样就可以早做应对处理。

适时补货：各门店的补货必须注意时效性，因为门店在营业时间不可能随时进行补货，而总部也不可能随时接受补货单而随时发货，门店店长要尽量避免因为补货流程操作失误而造成的缺货，影响正常销售。

适量补货：确定适当的补货量也是一个比较复杂的过程，要求门店店长必须考虑到以下因素：产品每日的销售量；商品的最低安全存量等。在实际操作过程中，门店店长还要根据自己的经验和实际情况预测补货量。

（2）在执业药师的指导配合下，做好药店药品的陈列工作。通过美观整洁的陈列，突出商品优点，激发消费者的购买欲望，提升销售额。

（3）对于个人药店，可以通过调查周边药店的药品价格，确定本店合理的零售价格。对于连锁药店，可将顾客反馈的关于药品价格的建议上报公司。

3. 财务管理

（1）明确各个岗位工作内容、职责范围、要求，以及部门与部门、人员与人员间的衔接关系。

（2）规范操作流程，不论大小，各个项目都要按照操作流程进行规范操作，明确审批权限。

（3）积极引进现代化的预算管理制度和成本核算制度，为药店的资金周转和合理分配资金打下良好基础。

（4）监督员工清晰完成每日的销售报表的填写，实时盘点药品储存情况，同时组织店员对仓库商品进行整理归类，保证财务盘点工作快速顺利地完成。

（5）加强现有财务人员的培养管理，适时吸收优秀财务管理人才作为新鲜血液注入药店中或聘用有关专家指导药店的财务管理。

4. 考核管理

（1）店长应每年至少组织一次质量管理制度、岗位职责、工作程序和各项记录工作的执行情况的检查，每年年初制订全面的检查方案和考核标准（表8-1）。

表8-1　药店考核标准

| 序号 | | 考核内容 |
| --- | --- | --- |
| 一 | 店容店貌 | 1. 门口每日清扫<br>2. 卫生工具定位摆放在卫生间，不能摆在店堂明显位置。上班时间灯光明亮，如有电器运作不良在当日检修或更换<br>3. 营业场所内无私人物品或用品 |
| 二 | 员工仪容仪表 | 1. 服饰：上班时间着工装，戴工牌，工作服干净整齐，上班时间关闭手机<br>2. 仪表：个人卫生良好，不留长指甲，不佩戴首饰，不染彩色头发<br>3. 站姿：挺胸收腹，目光平视顾客，面带微笑 |

续表

| 序号 | | 考核内容 |
|---|---|---|
| 三 | 商品陈列卫生 | 1. 按规定分类摆放，商品陈列整齐、丰富、干净，不得有空位置<br>2. 标签价码对应，价格一致<br>3. 商品按推前补位，先进先出的原则进行补充与销售<br>4. 仓库商品分类存放，商品标签正确完整。中药仓库发货由柜台专职发药人进行装斗复核记录，并及时上柜。不得堆放在台面上<br>5. 商品干净无灰尘，工作用具使用后应立即放回指定位置 |
| 四 | 接待行为 | 1. 主动问病售药，为顾客取药应轻拿轻放<br>2. 面对顾客询问，用语专业规范，态度愉悦，不怠慢顾客<br>3. 面对吵闹的顾客，营业员及时解释并道歉，通知店长，尽可能让顾客离开营业范围内并进行合理解决<br>4. 当顾客对门店提出意见时，虚心听取抱怨，并把意见登记下来，1 天内及时反馈给店长，并回复顾客<br>5. 严格按公司规定作息时间上下班、调班、休假<br>6. 由于推荐而导致顾客购买不当引起的退货，由此发生的费用由责任员工全额承担 |
| 五 | 考勤管理 | 1. 请假必须提前 48 小时，病事假不得虚报或未经经理同意私自调班<br>2. 上班时间不得离岗，随意外出，不进行除规定外出吃饭以外的一切外出活动 |
| 六 | 投诉处理 | 1. 由专人接待顾客投诉，并设有"顾客投诉意见簿"，对顾客投诉的全部内容进行登记<br>2. 认真分析顾客投诉的原因，并针对顾客投诉的要求提出公司的处理方案<br>3. 对因工作差错或服务态度不妥造成的服务投诉要责任到人，并按公司和门店有关规定对当事人进行处罚<br>4. 总结处理结果，门店对每一起顾客投诉和处理过程都要在"顾客投诉意见簿"进行详细的登记，并认真总结和反思，不断改进门店工作，提高服务质量 |
| 七 | 药品质量 | 1. 销售中遵循"先进先出"的原则，保证商品储存质量<br>2. 设置有温湿度计，做好降温、保暖、防潮、通风工作<br>3. 无过期、潮解、霉变、虫蛀、鼠咬等不合格药品销售<br>4. 中药严格按审方、计价、调配、复核与发药五个程序步骤开展工作<br>5. 拆零药品售出后，已拆开的商品要保证原包装的完整与密封性，盒外要注明"拆"字样，按相关要求存入<br>6. 药品拆零记录，根据表格中项目填写，内容真实、及时 |

（2）制定日常门店管理考核体系，包括店容店貌，员工仪容仪表，商品陈列卫生，接待行为，考勤管理，投诉处理，药品质量等，亲自或者要求精通经营业务和熟悉质量管理的检查人员实事求是并认真做好检查记录，内容包括参加的人员、时间、检查项目内容、检查结果等并及时汇报。

（3）店长应及时审核检查报告，确定整改措施和按规定实施奖罚。

5. 安全管理

（1）宣导强调安全责任，加强员工在日常工作及生活中的消防、防盗等安全意识并确保每位员工都具备一般灭火常识和简单的避险、救护常识，遵循"安全第一"的原则，确保人身及财产的安全。

（2）定期对供水供电等及各类设施、设备的使用状况进行检查，做好日常养护工作，及时消除隐患。

（3）时刻注意店内地面安全情况，发现积水或易滑物立即清理。

（4）店内商品陈列展示时不堵塞安全通道。消防箱前、防火卷帘门下无任何堆放物，在库存区域顶端放置药品时，要避免发生因商品放置不安全而导致顾客受伤现象。

（5）在突发事件发生时，应做出迅速判断并能够迅速处理。

# 任务三　我是店长实训

## 一、实训地点

药房或模拟药房

## 二、实训目的

（1）通过活动策划，掌握药店活动策划的整个流程。
（2）增强团队意识，培养团队合作能力。

## 三、实训材料

（1）前期宣传　药店调查问卷，宣传单。
（2）现场布置　红毯，气球，横幅，POP 海报，展板，促销价格标签，音响设备，抽奖盒，小礼品（图8-5）。
（3）专业服务　模拟专家现场坐诊，免费咨询，免费测血压血糖。

图8-5　某药店活动时店内一角

## 四、实训内容

（1）策划药店主题活动，制订全套促销方案。
（2）调节药店人员，合理分配工作任务。
（3）制作调查问卷、活动宣传单、海报等为宣传造势。

（4）科学地布置药店活动现场。

附：药店调查问卷示例

## ××药店市场调查问卷

您好，感谢您在百忙之中抽出时间填写这份问卷，请根据实际情况填写本卷，谢谢您的合作！

1. 您的年龄（    ）。

A. 15~25 岁　　　　　B. 26~35 岁　　　　　C. 36~45 岁　　　　　D. 46 岁以上

2. 您多久购买一次药品？（    ）

A. 一星期　　　　　B. 一月　　　　　C. 半年　　　　　D. 半年以上

3. 您去药店买药最在意的是什么？（    ）

A. 药品质量　　　　　B. 价格　　　　　C. 环境

D. 品牌　　　　　E. 是否是医保定点

4. 您经常去××药店吗？（    ）

A. 经常　　　　　B. 偶尔　　　　　C. 从不

5. 您对××药店服务态度感到怎么样？（    ）

A. 满意　　　　　B. 一般　　　　　C. 不好

6. 您觉得××药店里的价格如何？（    ）

A. 偏贵　　　　　B. 可以接受　　　　　C. 便宜

7. 您觉得××药店内的药品种类是否丰富？（    ）

A. 药品种类丰富　　　B. 药品种类较少　　　C. 平常想买的都能买到

8. 您去药店经常购买的是（如有其他药品或产品请注明）（    ）。

A. 感冒药　　　　　　　　　　　B. 心血管及高血压类药

C. 儿童药　　　　　　　　　　　D. 其他

9. 您更喜欢哪类促销活动？（    ）

A. 折扣　　　　　B. 买赠　　　　　C. 抽奖　　　　　D. 其他

10. 您对××药店的发展有什么意见或建议？

问卷到此结束，非常感谢您的帮助与合作！

# 任务四　拥有自己的药店

不同性质的店开办流程各异，药店由于其本身的特殊性，开办的流程相对而言比较复杂，需要准备的材料也较其他店面要多，也正是由于开办药店的严谨性强，人们才能放心地在药店进行药物的咨询和选购。

根据《药品管理法》规定，开办药品经营企业，必须具备以下条件：

（1）具有依法经过资格认定的药学技术人员。

（2）具有与所经营的药品相适应的营业场所、设备、仓储设施、卫生环境。

（3）具有与所经营的药品相适应的质量管理机构或人员。

（4）具有保证经营的药品质量的规章制度。

总流程：

市场分析→投资预算→选址装修→招聘员工→申办《药品经营许可证》→药监局验收→合格发《药品经营许可证》→申办《营业执照》，《税务登记证》→申报 GSP 检查→GSP 验证→通过→发证→开业

## 一、市场分析

无论开办什么店，首先要做好准备工作，而市场调查就是这个准备工作。市场调查包括市场竞争，即周边药店的数量、品种结构、价格策略、营销手段、客流量、销售额等数据和周边消费者的年龄、性别、购买习惯、收入状况等情况。只有在充分调查了解竞争对手和未来顾客的情况下，才能权衡未来盈利和经营风险进行估算，才能有效定位自己将要开办的药店方向。

## 二、投资预算

根据现有的资金，对即将开办药店所需的硬件、软件进行认真的分析和论证，确保药店投资成功。筹备初期，主要考虑药店的硬件设备，包括基础设施和经营设施。

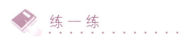

练一练
. . . . . . . . . . . . . . .

假如你想开一家自己的药店，你将如何制订投资计划，如何确定资金项目？

## 三、选址装修

在市场分析乐观及预算可行性较高的情况下，开始药店的选址和装修事宜。

### 议一议

如果你想开设一家药店，你准备开在哪里呢？为什么？

药店选址，是开办药店最重要的一步，它对药店的发展起着决定性作用。

（1）选择没有同行或者同行竞争较少的地方。

（2）选择商业活动频度高的地区。

（3）选择人口密度高的居民区。

（4）选择交通便利的地区或客流量大的区域。

（5）选择老人年聚集区。

### 练一练

下图为某市的平面图，根据图片标注的环境，结合药店选址的原则，合理选址并阐述理由。

### 四、员工招聘

由于药店其特殊性，所以对药店工作人员的要求相对比较高。根据《药品经营质量管理规范》规定：

（1）企业法定代表人或者企业负责人应当具备执业药师资格。

（2）企业应当按照国家有关规定配备执业药师，负责处方审核，指导合理用药。

（3）质量管理、验收、采购人员应当具有药学或者医学、生物、化学等相关专业学历或者具有药学专业技术职称。

（4）从事中药饮片质量管理、验收、采购的人员应当具有中药学中专以上学历或者具有中药学专业初级以上专业技术职称。

练一练

分组模拟店员（店长、销售员、采购员、仓储员、会计）的招聘。

### 五、申办《药品经营许可证》

根据《中华人民共和国药品管理法》规定，开办药品零售企业，须经企业所在地县级以上地方药品监督管理部门批准并发给《药品经营许可证》，凭《药品经营许可证》到工商行政管理部门办理登记注册。无《药品经营许可证》的，不得经营药品。《药品经营许可证》应当标明有效期和经营范围，到期重新审查发证。

申领《药品经营许可证》的条件：

（1）具有保证所经营药品质量的规章制度。

（2）具有依法经过资格认定的药学技术人员。

经营处方药、甲类非处方药的药品零售企业，必须配有执业药师或者其他依法经过资格认定的药学技术人员。质量负责人应有一年以上（含一年）的药品经营质量管理工作经验。

经营乙类非处方药的药品零售企业，以及农村乡镇以下地区设立的药品零售企业，应当按照《药品管理法实施条例》第 15 条的规定配备业务人员，有条件的应当配备执业药师。企业营业时间，以上人员应当在岗。

（3）企业、企业法定代表人、企业负责人、质量负责人无《药品管理法》第 76 条、第 83 条规定的情形的。

（4）具有与所经营药品相适应的营业场所、设备、仓储设施以及卫生环境。在超市等其他商业企业内设立零售药店的，必须具有独立的医学区域。

（5）具有能够配备满足当地消费者所需药品的能力，并能保证 24 小时供应。药品零售企业应备有的国家基本药物品种、数量由各省、自治区、直辖市（食品）药品监督管理部门结合当地具体情况确定。

知识链接

《药品管理法实施条例》第 15 条：国家实行处方药和非处方药分类管理制度。国家根据非处方药品的安全性，将非处方药分为甲类非处方药和乙类非处方药。经营处方药、甲类非处方药的药品零售企业，应当配备执业药师或者其他依法经资格认定的药学技术人员。经营乙类非处方药的药品零售企业，应当配备经设区的市级药品监督管理机构或者省、自治区、直辖市人民政府药品监督管理部门直接设置的县级药品监督管理机构组织考核合格的业务人员。

《药品管理法》第76条：从事生产、销售假药及生产、销售劣药情节严重的企业或者其他单位，其直接负责的主管人员和其他直接责任人员十年内不得从事药品生产、经营活动。对生产者专门用于生产假药、劣药的原辅材料、包装材料、生产设备，予以没收。

《药品管理法》第83条：违反本法规定，提供虚假的证明、文件资料样品或者采取其他欺骗手段取得《药品生产许可证》《药品经营许可证》《医疗机构制剂许可证》或者药品批准证明文件的，吊销《药品生产许可证》《药品经营许可证》《医疗机构制剂许可证》或者撤销药品批准证明文件，五年内不受理其申请，并处一万元以上三万元以下的罚款。

### 六、药监局验收

当地药监局接到药店的验收申请后，组织专业验收人员到药店进行检查验收，对检查验收不合格的要限期进行整改，重新申请验收。

### 七、经验收合格后，发《药品经营许可证》（图8-6）。

图8-6　药品经营许可证

### 八、携带所需资料和《药品经营许可证》，至工商行政管理局申办《营业执照》，到税务机关办理《税务登记证》（图8-7）。

图8-7　营业执照和税务登记证

### 九、GSP 认证

药店的 GSP 认证是药店能否顺利开业至关重要的一步，认证内容包括药店具备的设施，机构设置，人员培训，管理制度、进货验收、药品陈列、药品储存、销售服务等是否符合相关要求。其申请材料包括：

1. GSP 认证申请表

2. 《药品经营许可证》和《营业执照》正副本复印件

3. 企业自查报告

4. 企业无违规经销假劣药品问题说明

5. 企业负责人和质量管理人员情况表

6. 企业药品验收、养护人员情况表

7. 企业负责人、质量管理人员、药品验收、养护人员的专业技术职称证书和学历证书的复印件

8. 质量负责人聘用合同

9. 企业质量管理组织、机构的设置与职能框架图

10. 企业经营场所和仓库的平面图

11. 企业经营场所仓储等设施设备情况表

12. 企业药品经营质量管理制度目录

13. 行政许可申请材料真实性保证声明

通过 GSP 认证，获得证书如图 8-8《药品经营质量管理规范认证证书》，药店即可开始营业。

图 8-8　药品经营质量管理规范认证证书

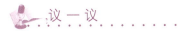

议一议

总结开药店必须具备的证件。

## 课 后 练 习

### 一、选择题

A 型题

1. 以下都属于药店药师职责，除了（　　）。

A. 指导患者合理用药　　　　　　　B. 对店内员工进行专业培训

C. 制定医药法律法规　　　　　　　D. 审核处方，认真调配

2. 甲类处方药标志为（    ）。

A. 红底白字            B. 白底红字            C. 绿底白字            D. 白底绿字

3. 以下不属于处方药的是（    ）。

A. 感冒药            B. 麻醉药物            C. 抗癌药物            D. 放射性药物

B 型题

4. 非处方药的基本特点有（    ）。

A. 应用安全            B. 疗效明确            C. 标识详细

D. 使用方便            E. 储存方便

5. 店长的角色有哪些？（    ）

A. 盈利责任人            B. 药店管理者

C. 企业文化制度的传达者    D. 企业文化制度的执行者

6. 日常门店管理考核体系一般包括（    ）。

A. 员工仪容仪表            B. 商品陈列卫生            C. 接待行为

D. 销售情况            E. 用药咨询服务

7. 开药店需要哪些证件？（    ）

A.《药品经营许可证》    B.《营业执照》

C.《税务登记证》        D. GSP 认证证书

**二、名词解释**

1. 药师

2. 处方药和非处方药

**三、简答题**

开药店的流程图。

扫一扫

# 附 录 一　教 学 要 求

## 模块一　认 识 药 店

1. 熟悉常见的药店类型：综合健康广场、平价药店、连锁药店、超市中的药店、精品药店、药妆店、网上药店、药店中医馆。

2. 了解常见药店类型的特点。

3. 熟悉药店环境展示中注意的几个问题：药店布局、气味、声音、温湿度、整洁。

4. 熟悉药店店面环境设计：招牌设计、照明设计、标语设计、色彩设计、装饰设计。

5. 熟悉药店信息展示：药店印刷品、会员手册、顾客意见簿、健康课堂。

6. 掌握价格环境：习惯价格、心理价格、折扣、店长推荐、特价产品、促销价。

7. 能进行药店布局设计和标语设计，特价、促销价、店长推荐等价格牌设计。

## 模块二　职 业 规 范

1. 掌握药店人员的行为规范。具有良好的职业道德。

2. 掌握药店从业人员的仪容仪表。

3. 熟悉药店从业人员与顾客的语言沟通技巧。

## 模块三　药品验收与保管

1. 掌握药品验收的程序、具体内容、注意事项，能完成业务流程。

2. 掌握不合格药品的处理，并能填写相关表格。

3. 掌握影响药品质量的因素，能对各类药品采取正确的保管。

4. 药品保管注意药店的防火防盗等。

## 模块四　药品陈列与养护

1. 掌握药品陈列的相关原则，能熟练进行药品陈列。

2. 能正确制作标签。

3. 掌握药品养护的具体内容。

4. 能正确对日常药品进行养护并能正确填写药品养护的相关表格。

## 模块五   药 品 销 售

熟悉处方药与非处方药管理，能对常见病作基本的鉴别和判断，能正确介绍和能按 GSP 规范对顾客进行基础的用药安全指导。

## 模块六   药 店 服 务

1. 熟悉为顾客服务的主要内容。
2. 熟悉不同的顾客群体，掌握药品销售的方法和技巧，能处理顾客投诉。
3. 能正确处理退换药品和填写各类报表。

## 模块七   收银与结算

1. 掌握收银的要求，能正确使用收银机、验钞机。
2. 能填写相关票据。
3. 能正确进行药品的盘点与结算，并填写相关表格。

## 模块八   职 业 规 划

1. 熟悉药师的岗位职责。
2. 熟悉店长的岗位职责与内容。
3. 创业实践中开药店需要准备的内容，了解开办药店的流程。

# 附录二 学时分配建议表

| 模块类型 | 教学内容 | 学习建议 | 学时 | |
|---|---|---|---|---|
| | | | 讲授 | 实践 |
| 模块一<br>认识药店 | 任务一 | 必学 | 2 | 0 |
| | 任务二 | 必学 | 3 | 1 |
| | 任务三 | 必学 | 0 | 2 |
| 模块二<br>职业规范 | 任务一 | 必学 | 1 | 0 |
| | 任务二 | 必学 | 1 | 1 |
| | 任务三 | 必学 | 1 | 1 |
| | 任务四 | 必学 | 0 | 1 |
| 模块三<br>药品验收与保管 | 任务一 | 必学 | 1 | 1 |
| | 任务二 | 必学 | 2 | 1 |
| | 任务三 | 必学 | 0 | 2 |
| 模块四<br>药品陈列与养护 | 任务一 | 必学 | 1 | 1 |
| | 任务二 | 必学 | 2 | 1 |
| | 任务三 | 必学 | 0 | 2 |
| 模块五<br>药品销售 | 任务一 | 必学 | 1 | 1 |
| | 任务二 | 必学 | 0 | 1 |
| | 任务三 | 必学 | 0 | 0 |
| | 任务四 | 必学 | 8 | 1 |
| | 任务五 | 必学 | 0 | 2 |
| 模块六<br>药店服务 | 任务一 | 必学 | 1 | 0 |
| | 任务二 | 必学 | 4 | 1 |
| | 任务三 | 必学 | 0.5 | 0.5 |
| | 任务四 | 必学 | 0 | 2 |

续表

| 模块类型 | 教学内容 | 学习建议 | 学时 | |
|---|---|---|---|---|
| | | | 讲授 | 实践 |
| 模块七<br>收银与结算 | 任务一 | 必学 | 1 | 1 |
| | 任务二 | 必学 | 0.5 | 0.5 |
| | 任务三 | 必学 | 0.5 | 0.5 |
| | 任务四 | 必学 | 0 | 2 |
| 模块八<br>职业规划 | 任务一 | 必学 | 2 | 0 |
| | 任务二 | 必学 | 1 | 0 |
| | 任务三 | 必学 | 0 | 2 |
| | 任务四 | 选学 | 2 | 1 |
| 合计 | | | 35.5 | 29.5 |

# 参 考 文 献

［1］王东风. 医药商品购销员国家职业资格培训教程. 北京：中国中医药出版社，2003.

［2］滕宝红. 如何做好营业员. 广州：广东经济出版社，2011.

［3］陈玉文. 药店服务营销. 北京：中国医药科技出版社，2007.

［4］张蕾. 药品购销实务. 北京：化学工业出版社，2006.

［5］夏鸿林. 药品储存与养护技术. 北京：化学工业出版社，2006.

防伪查询说明

用户购书后刮开封底防伪涂层，利用手机微信等软件扫描二维码，会跳转至防伪查询网页，获得所购图书详细信息。也可将防伪二维码下的 20 位密码按从左到右、从上到下的顺序发送短信至 106695881280，免费查询所购图书真伪。

反盗版短信举报

编辑短信"JB，图书名称，出版社，购买地点"发送至 10669588128

防伪客服电话

（010）58582300

学习卡账号使用说明

一、注册/登录

访问 http://abook.hep.com.cn/sve，点击"注册"，在注册页面输入用户名、密码及常用的邮箱进行注册。已注册的用户直接输入用户名和密码登录即可进入"我的课程"页面。

二、课程绑定

点击"我的课程"页面右上方"绑定课程"，正确输入教材封底防伪标签上的 20 位密码，点击"确定"完成课程绑定。

三、访问课程

在"正在学习"列表中选择已绑定的课程，点击"进入课程"即可浏览或下载与本书配套的课程资源。刚绑定的课程请在"申请学习"列表中选择相应课程并点击"进入课程"。

如有账号问题，请发邮件至：4a_admin_zz@pub.hep.cn。